だいわ文庫

アドラー流
「自分から勉強する子」の
親の言葉

和田秀樹

大和書房

3人の息子と娘1人、4人全員の子どもを東大理3（医学部）に入学させた佐藤亮子さんの子育て法が、テレビや新聞などで話題となっています。

佐藤さんは「佐藤ママ」と呼ばれ、受験関連本を出版するほか、講演会などにも引っ張りだこだそうです。

私も、2015年に佐藤さんと公開対談を行い、**わが子を東大理3に合格させる**受験テクニックについて意見を交換したことがあります。

佐藤さんご自身は、津田塾大学を卒業後、私立高校の英語教師を務めたあとに結婚退職をされ、以後は子育てをしてきました。

彼女は、母親として子どもの教育に積極的にかかわることの重要性を説いています。

考えてみれば、私の母も、私と弟の息子2人を東大に合格させました。私が東大医学部、弟が法学部を卒業できたのも、よくよく考えると母親の教育の影響が大きかったのではないかと思います。

実は、後述するように、私の弟は、幼いころから勉強が不得意でした。

成績優秀だった私と比較されては、**「できの悪いほう」**という不名誉なレッテルを貼られていたのです。

しかし、母親だけは違いました。母親は、私たち兄弟に対して、

「自分は勉強ができるはず」

「勉強ができるようになりたい」

と思わせるような言葉を絶えずかけ続けていました。母親は自分の発言をまったく疑う様子がなく、それを聞いていた私たちは、知らず知らずのうちに**母の暗示**（？）にかかっていたようなのです。

今にして思えば、母親が私たちにかけてくれた言葉の数々は、近年、注目を集めている**アドラー心理学の勇気づけ**にほかなりません。

心理学者のアドラーや、彼が体系立てたアドラー心理学のことなど、母親が知っていたはずもありませんが、実践していたことはアドラー流の教育そのものだったのです。

はじめに――親の言葉かけが、子どもを東大へ行かせる

今にして思えば、私の弟は非常に気の毒な子ども時代を過ごしてきました。というのも、私と比較して、「できの悪い子」「発達が遅れている子」というレッテルを貼られることが少なくなかったからです。

私が6月生まれなのに対して、弟は翌年の12月生まれ。年子でありながら、実際には1年半の差がありました。

そのうえ、私が比較的言語発達の早い子だったのに比べ、弟は発達のスピードがゆるやかで、幼児期に大病を経験したこともあり、小学校に入学するころには、兄弟間で埋めようにも埋まらない差がついていました。

■「アホなほうの子」と言われた弟

父親はわりと雑《ざつ》な性格でしたから、そんな弟の屈折した心情に通じていたとはとても思えません。

弟の回想によれば、あるとき、父と弟の2人連れで街を歩いている途中に、こんな経験をしたそうです。

たまたま通りかかった父の知り合いが、声をかけてきました。

「どうもこんにちは。ああ！　こちらが和田さんのところの賢いお坊ちゃんですか？」

どうやら、父親は私たち兄弟の与《あずか》り知らないところで、長男である私のことを一方的に自慢していたようです。おそらく、私が灘中学に入学する前後の時期であり、「中学受験の模擬試験で1番になった」「こんなに勉強できる子だ」などと喧伝《けんでん》していたのでしょう。

お世辞を言ってきた知り合いに向かって、父は弟を指して次のように言い放ったそうです。

「**いやあ、こいつはアホなほうの子でんねん**」

その後50年近くは経過しているはずですが、今でも弟の記憶に父の一言がくっきり刻まれているようですから、相当ショッキングな言葉だったと思います。

■根拠なく「東大へ行きたい」

そんな弟は――私にしてみれば不思議で仕方ないのですが――成績が優秀であったわけでもないのに、**根拠のない自信に満ちあふれた性格の持ち主**でした。

私が東大に進学し、弟が高校3年に進級したとき、急に弟からこんな頼みを受けました。

「**僕は灘高の勉強の仕方さえマスターすれば、絶対に東大に合格できると思う。**だから、灘高の勉強の仕方を教えてほしい」

この申し出にはびっくりしました。

弟は、私に続こうとして受験した灘中を不合格となり、不本意ながら滑り止め受験をした学校に入学。そのまま高校へと進学していました。

その学校は、毎年京都大学の合格者が1人出るか出ないか、というくらいの学力レベルであり、東大合格を目指している生徒など皆無に近い状況です。

しかも、よく聞けば学校内での弟の成績は60位程度というではありませんか。普通に考えれば、関関同立クラスに進学できれば御の字というところです。

弟が東大に行きたいと言い出すなど、私にはまったく予想外の事態だったのです。

■灘高に伝わる勉強法

弟に請われたことで、私は改めて灘高に伝わる勉強法を体系化してみました。

すると確かに、灘高の勉強法は東大合格に対応していることがわかりました。

たとえば、当時の東大の社会の試験では、「この8つの言葉を使って、○○時代の貨幣経済の特色を800字で述べよ」といったような問題が出題されていました。

これは歴史の教科書を読んだり問題集を解いたりしている限り、対応できない問題です。

では、灘高ではどのような勉強をしているかというと、歴史を扱った新書を数冊読んで、論述するスキルを養うという方法をとっているのです。

そこで弟にも、細かい年号や出来事の暗記は教科書程度でいいと指導し、新書を何冊か読ませて準備をさせました。さらに、数学に関しては解法のパターンを暗記して解くという手法を伝授しました。

灘式の勉強法をマスターした弟は、みるみるうちに実力を伸ばし、見事東大現役合格を果たすことになりました。

この経験は、私が「**受験は才能ではなくて、要領である**」という信念を持つきっかけとなりました。その後、たくさんの受験参考書を執筆したり、通信教育や進学塾を経営したりするようになった原点は、明らかにこのときの体験にあったと思います。

■「お前は絶対に賢いはずだ」という母の言葉

では、どうして弟は成績がよくなかったにもかかわらず、「勉強法さえマスターすれば、東大に合格できる」という自信を持っていたのか。

これは、間違いなく母親の影響が大きかったと断言できます。

父親も、兄である私も、弟のことを「アホの子」だと思い、公言してはばかりませんでした。しかし、母親だけは違いました。

母親だけは弟に対しても、小さいころから「**お前は絶対に賢いはずだ**」と言い続けていました。

ときには、

「うちのご先祖様は、賢い人がいっぱいいたんだよ。頭のいい家系なんだから、お前も頭がいいに決まっている」

などと、先祖まで持ち出しては説得していました。実際のところ、どこまで本当の話なのか、よくわからないのですが……。

母親も弟も、よく言えばポジティブ、実のところ能天気な性質があって、「絶対に東大に行ける」と信じて疑いませんでした。

この根拠のない自信こそ、勉強ができる子にするための一番のカギとなるだけでなく、その後の人生において成功するための最大の要素になる、と私は考えています。

■アドラー流と私の母の共通点

現代の心理学の源流の一つを築いた心理学者として、近年脚光を浴びているのがアルフレッド・アドラーです。

アドラーは親子の関係を対等なものであると考え、**子どもが人生の課題に取り組み、乗り越えていくための勇気を与えること（勇気づけ）が大切である**、と言いました。

これは、親が子どもの上に立って、褒めたり叱ったりしながら導いていく子育てと大きく異なっています。

当然、アドラーと私の母親には何の接点もなく、母親がアドラー心理学の本を読んでいたとは思えません。

しかし、母親は、自然のうちにアドラー流の勇気づけを実践していたような気がします。

■「自分のために勉強しなさい」

少なくとも、私は母親から一度として「勉強をしなさい」と強要されたことはありません。また、勉強ができなかったからといって、一度も叱られた記憶がないのです。

その代わり、耳が痛くなるほどに聞かされたのが、

「勉強をしないで損をするのは私ではなく、お前たちだ」

という言葉です。逆の視点から「勉強をして得をするのは、私ではなくお前たちだ」というのも頻繁に耳にした記憶があります。

たとえばテストで良い点を取ったとしましょう。普通の親であれば、気分を良くしたり子どもを褒めたりするところですが、母親は違いました。

要するに、「勉強をして成績が良くなって、社会的な地位を築くことで、もっとも得をするのは本人なのに、どうして親が子ども以上に喜んだり、子どもを褒めたりする必要があるのか」と言うのです。

そして、勉強しないで社会の落伍者となり、野垂れ死にしたとしても、それは自己責任であるから親の関知するところではない、という趣旨のこともよく聞かされました。

「**勉強しないと、将来的に困る**」

「**勉強すれば、未来が開ける**」

という言葉は脅迫に近いくらい繰り返し聞かされたものの、あくまでも親のためでなく自分のために勉強しなさいというスタンスでした。

■親の声かけの影響力

また、前述したように母親は、特に弟に対しては、「絶対にこの子は頭がいい」と信じ、実際に「**お前は賢い**」と声をかけ続けていました。

弟が灘中の受験に失敗したときも、母親の態度はまったく変わることがありませんでした。母親の本能として、父親からも兄からもバカにされている次男を守れるのは自分だけだと思っていたのかもしれません。

弟は、志望校でもない中学に入学し、片道1時間半もかけて通学していたこともあって、相当なストレスを抱えていたようです。通学途中にお腹を壊してしまい、途中で何度も帰宅する時期もあったのを記憶しています。校内に友人がいるから何とか踏みとどまってはいたものの、実際には不登校に近いような状態だったのです。

それでも、弟は進学をあきらめるどころか、勉強のやり方さえ身につければ東大にだって行けると信じていました。

このことを思うにつけ、**母親の声かけの影響の大きさを思わずにはいられません**。

本書では、アドラー心理学を子育てに活かすためのポイントを紹介したうえで、実際にどのように声をかけるべきなのか、テーマごとに声かけ例を示しながら解説をしていきます。

アドラー心理学の理論をベースにしながら、私自身が経験したり、学んだりしたことも踏まえながら、できるだけ活用しやすいようにまとめました。

本書を通じて日本の子どもを勇気づけることができれば、著者としてこれ以上の喜びはありません。

2022年3月

和田秀樹

第1章 アドラー心理学を子育てに活かす

第2章

子どもが自分から机に向かう言葉かけ

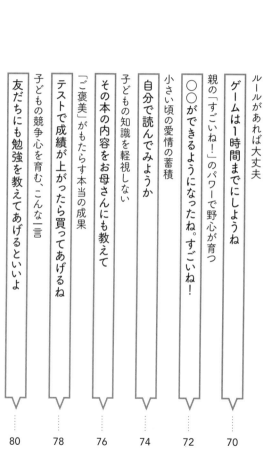

第3章

何気ない口ぐせが子どもを勉強嫌いにさせる

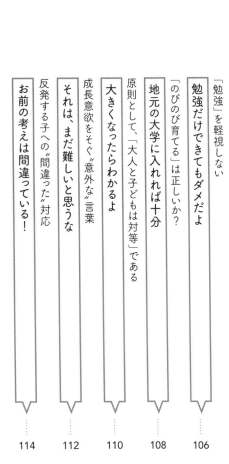

第4章

「自分で考える子」は最後に強い

第5章 子どもの「劣等感」にどう向き合うか

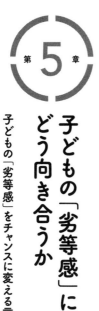

第6章 子どもが失敗したときに効果的な言葉

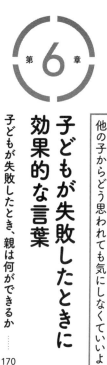

第7章 親の「この一言」が子どもを前進させる

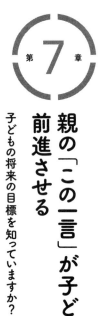

第8章

「なんとかなる」と思える心の強さを育てる

第1章

アドラー心理学を子育てに活かす

アドラー心理学を子育てに活かす

近年、日本では、アルフレッド・アドラーが確立した「アドラー心理学」に注目が集まっています。

アドラーは1870年にオーストリアで生まれ、のちにアメリカで活躍した心理学者です。アドラーは、「人間は誰もが他人と競争して勝ちたいという欲求を持っている」と考えました。最初から無気力な子どもなどいません。どんな子でも「勉強で勝ちたい」「スポーツで勝ちたい」という気持ちを持っているのです。

しかし現実には、勉強や運動で負けて劣等感を持つ子がいます。ここで大切なのが、親として、どのように子どもを勇気づけられるか、です。

「次は勝てる」「この分野なら勝てる」という道を見つけるのが親の役割だといえます。

そして、アドラー心理学の最大の特徴は「人は**何かの原因によって行動するの**

ではなく、目的に向けて行動する」と捉えたところにあります。

東大に入りたい

医者になって人の役に立ちたい

などの目的があるから、勉強も頑張れるということです。

大切なのは、子どもの過去の失敗にくよくよしたり、叱ったりすることではありません。

子どもが適切な目的を持つように、親の立場からサポートしてあげる必要があります。

そのためには、子どもが関心を持っていることに、親がもっと関心を持つべきだ、とアドラーは言っています。

この章では、まずは、アドラー心理学の基本的な考え方を理解しましょう。

――アドラー心理学には、子育てに応用できる考え方がたくさんつまっています。

この章では大切なポイントをご紹介していきます。

人は誰でも成長願望を持っている

アドラーは、「優越性の追求」を人間の重要な動機づけであると考えました。

簡単にいうと、**「人間は誰もが他人と競争して勝ちたいという欲求を持っている」**ということです。

ここが、アドラーと同様、現代の臨床心理学に大きな影響を与えたジークムント・フロイトの精神分析とは大きく異なる点です。

フロイトは、ごく端的にまとめると「人間は性欲によって動かされている」という人間観を持っていました。晩年には、人間には攻撃性の本能もあると主張するようになりました。性欲や攻撃性といった動物的な本能が、無意識の領域に押し込められ、その葛藤が心の病気となって表れると考えたわけです。

そして、そういった欲望をコントロールできるようになることが人間としての進歩であるとしていたのです。

フロイトの考え方は、どちらかといえば性悪説に属しているように思えます。性悪説というのがふさわしくなければ、悲観的人間観です。

そもそも人間は、動物的な欲望に動かされる危なっかしいところがある。それをそのまま放置していると問題があるから、きちんと教育しなければならない。そういったイメージの人間観です。

一方のアドラーは、どちらかといえば性善説に近い人間観の持ち主でした。性善説というよりは、楽観的人間観というほうが近いでしょうか。

要するに、「そもそも人間は誰でも成長願望を持っている」というのがアドラーの基本的な考え方です。

それに照らし合わせれば、**もともとやる気のない子どもはいない**ことになります。**どんな子でも「勉強で勝ちたい」「スポーツで勝ちたい」という意欲を持っている**のです。

子どもの能力を引き出そう

このアドラー心理学の影響を大きく受けたのが、アメリカの臨床心理学者であるカール・ロジャーズです。

ロジャーズは、一言でいえば「人間が自分自身の力で生きていけるための自信をつけることが重要である」というカウンセリング論を展開した人物です。

彼の理論では、いちいち細かな指示を与えて「ああしろ、こうしろ」と言うことは望ましくないとされています。それよりも生きる自信を与えるための言葉をかける必要があると考えたわけです。

これは、人材開発の技法として日本でも定着した感のある「コーチング」に通ずるものがあります。コーチングにおいて、コーチは基本的に教えることはせず、その人本来の能力を引き出す役割を担います。アドラーの子育て論も、一方的に導くのではないという意味ではコーチングに近いといえそうです。

人間は放っておいても頑張れる存在である。だから、親は手取り足取りやるべきことを指示するのではなくて、**子どもの能力を引き出すためのアドバイス**をしていけばいいというわけです。

劣等感を持つことは悪いことではない

アドラー心理学では「劣等感」という言葉が重要なものとして扱われています。

そもそも人によって特徴や能力はさまざまですから、他人よりも背が低い、足が遅い、体が弱いということはいくらでもあり得ます。

人と比較したときに劣っているものがあることを「劣等性」といいます。劣等性は、単に劣っているという判断ですが、この判断について「恥ずかしい」という感情が伴うと、それは「劣等感」と呼ぶべきものになります。

アドラーによれば、人間は誰もが他人と対等だと感じたいという欲望を抱えています。ですから、他人よりも背が低かったり、足が遅かったりすると、欲望が満たされず、「自分はダメだ、自分には価値がない」と感じてしまうと考えました。

このように、劣等感を過剰に持つようになり、自分には価値がないと考える状態を「劣等コンプレックス」といいます。アドラーによれば、劣等コンプレックスが表れると、人は神経症になりやすくなります。

ここまで聞く限り、劣等感を持つのはよくないことだと思われるかもしれません。

では、子どもにも劣等感を持たせないようにするのが最善の子育てということでしょうか。

実は違います。**劣等感は、人間を成長させる重要な起爆剤となり得る**からです。

劣等感を持って、自己否定するようになったら、それ以上人は成長することができません。しかし、劣等感を持っても、それを力に変えて成長できる人もいます。

「勝てた」という経験をさせよう

アドラーが劣等感に強く着目するようになったのは、自身の体験が大きく影響していると言われています。

アドラーは、子どものころから体が弱く、くる病を患っていたのです。くる病は、ビタミンDの不足などが原因となる発育不良であり、足の骨などが曲がったりする病気です。病気で自由に外を走り回れなかったアドラーは、健康な兄に対して強い劣等感を持っていました。

しかし彼は、登山などの経験を通じて、劣等感を克服することに成功しました。劣等感を持ったとしても「それははね返すことができる」と考えるようになったのです。

劣等感をはね返すうえで重要なポイントとなるのは、「**劣等感を持っている分野とは別の分野で勝つ経験をする**」ということです。

たとえば、背が低いことに劣等感を持っている人は、背の高さで他人に勝つ経験はほとんど得ることができません。それならば、背の高さ以外のところで他人と勝負して勝つほうが劣等感を克服できる可能性が高まります。

背が低くても、会話のスキルに長けていれば背が高い人よりも異性から好かれるでしょうし、仕事に精進して出世すればたくさんの人に認めてもらえるでしょう。

要するに、世の中で勝っていけるような能力を身につけることで、劣等感をはねのけることができるだけでなく、自信を持って生きていけるということです。

これを子育てに当てはめるならば、**子どもの劣等感を否定するのではなく、優越性の追求をサポートしてあげるのが親の役割**ということになります。

具体的にいえば、「足が遅くても、勉強で勝てる」「背が低くても、勉強で勝てる」と思わせるようにするのです。

このときポイントとなるのが、ただ漠然と「勝てそう」と思うのではなく、どんなことでもいいので**「勝てた」という実体験**を持たせていくことです。

「勇気づけ」をしていた私の母親

「勝てた」という経験を持たせることは、子どもを勇気づけることにつながります。これに関して、ふたたび私の弟のエピソードをご紹介したいと思います。

「はじめに」でもお伝えしたように、弟は常に「勉強ができる兄」である私の後塵を拝していました。自慢になるようで気恥ずかしいのですが、確かに私はスポーツ以外、何をやらせても達者な子どもでした。

小学校3年生のころ、私は、親のすすめでそろばん塾に通うようになり、1年間で3級まで取得して周囲の大人たちを驚かせていました。

それを見た母親は、「兄ができるのだから弟もできる」と信じて疑わず、弟を兄の私と同じそろばん塾に通わせました。

ここで弟は、一つの大きな問題に直面します。もともと計算が得意でなかったうえに、弟は左利きでした。そろばんは、右から左に玉をはじいていく作業なので、左利きはそろばんの玉に手が当たりやすく、根本的に不利なのです。

案の定、そろばんはたった1週間で挫折してしまいました。他の親なら、あるいはこのように愚痴をこぼしたかもしれません。

「1週間で挫折するなんて、情けない」

「せっかくお金を出して塾に行かせたのにもったいない」

「せめて1か月くらいは我慢して通わせようか」

しかし、母親はまったく違いました。

彼女は1週間でそろばんに挫折した弟を見ても、「才能がない」などとは一切考えませんでした。

「不利なそろばんを選択したのが間違いだった」

「計算ができるようになるなら、そろばんでなくても他の手段を使えばいい」

と考え、あっさりとそろばん塾をやめさせたかと思うと、公文式の塾に入塾させたのです。

弟の勉強コンプレックスを見事解消！

公文式では、学年別ではなく、そのときの実力に応じたプリントを学習します。おそらく弟も、最初はごく簡単な計算プリントから取り組み、「できる」という実感を得ながら徐々にレベルを上げていったのだと思います。

「できる」といっても、同時期に4桁×4桁の暗算をラクラクとこなしていた兄の私に比べたら、低レベルの成功体験だったといえます。しかし、大切なのはレベルの高低ではなく、あくまでも「勝てた」という実感を得ることです。

それまで父や兄である私から「バカだ」と言われ続けていた弟が、公文式のプリントで初めて、自分の学年より上の課題をこなし、「自分は勉強ができる」という自信を持つことができた。これは非常に大きな転機になったはずです。

公文式で、まわりの子よりもちょっとできたという経験を繰り返すうちに、少しずつ弟の勉強コンプレックスは解消されていきました。 そして、とても合格できるような成績ではありませんでしたが、灘中受験までこぎつけたのです。

それが、「はじめに」でもお話ししたように、「自分も勉強のやり方さえマスターすれば東大に行けるかもしれない」という根拠のない自信へとつながっていきました。

今にして思えば、母親は弟に対してアドラー流の勇気づけをしていたのだと思います。勇気づけとは、劣等感をはね返すための土俵を用意してあげることです。弟の場合は、そろばんという土俵を捨てて、公文式という土俵を用意してもらうことで勝つことができました。

仮に公文式に挫折したとしても、母親はなんらかの手段で別の教材を探し出して、弟に確実に勝つ体験をさせたはずです。

そういった、**子どもに対する無条件の愛情と、揺るぎない確信に基づいて行うのが本当の勇気づけ**といえるのです。

原因論ではなく目的論で考える

子どもにとって劣等感を持つことは決してマイナスではありません。劣等感を持っても、何か一つでも「勝てる」ことが見つかれば、子どもは自信を持って人生を生きていくことができます。

ここで重要なのは、勝ちたいと思う（優越性を追求する）からこそ劣等感が生じるということです。劣等感を持って、その劣等感を解消するために努力するわけではないのです。

もともとアドラーは、「**劣等感があるからこそ、人は頑張る**」という考えを持っていました。これは、人がとる行動をなんらかの原因と結びつけようとする「原因論」と呼ばれる考え方です。

アドラーは後に、原因論の考え方を修正し、目的論で考えるようになりました。要するに、**人が行動するのは、何かの目標や目的があるからだ、とする考え方です。**

たとえば、背が低いというコンプレックスを持っている人全員が、勉強を頑張るわけではありません。勉強をして東大に入りたい、目指す職業に就きたいという目標があるからこそ、勉強を頑張るわけです。

アドラーは次のように語っています。

「もし、この世で何かを作るときに必要な、建材、権限、設備、そして人手があったとしても、目的、すなわち心に目標がないならば、それらに価値はないと思っています」

「未来志向」で子どもを育てよう

アドラーは、教育に強い関心を持ち、自ら児童相談所を設立し、問題を抱えた親子のカウンセリングに尽力しました。

万引きをしたり、暴力をふるったりする子どもがいたとき、一般的には問題行動を起こすなんらかの原因があったと考えます。

たとえば、家が貧しかったから万引きに走るようになった、父親から日常的に暴力をふるわれたので、暴力で物事を解決しようとするようになった……という具合です。

もちろん、育ってきた環境が子どもの心に影響を与えること自体は否定できません。

しかし、同じような経験をした人が全員同じように問題行動を起こすとは限りません。

それに、すでに起きてしまったことをさかのぼって変えようとするのは不可能です。

それならば、**未来に向けて行動を変えていったほうがよい**、というのがアドラーの基本的な考え方なのです。

目的論で考えてみると、子どもの行動に対する見方が変わります。たとえば、子どもが不登校を繰り返すとき、原因論で考えると「親の愛情が足りなかった」などとなりますが、目的論で考えると「親や先生の注意を引きたかった」という目的が見つかるかもしれません。

その場合は、あえて子どもの行動を無視するのが有効です。不登校をしても注目されなければ、子どもはいい行いをすることで親や先生の注目を引こうとするかもしれないのです。

子どもが勉強をしないとき、「才能がないからだ」と考えるのが原因論的な考え方です。これに対して、「勉強ができないのは目標を間違えているからだ」「才能をうまく使えていないからだ」と考えるのが目的論的な考え方です。

いずれにしても、重要なのは「**子どもの過去を見ることではなく、未来を見ること**」です。

もし子どもの成長について悩んでいることがあったとしても、未来に目を向けて何ができるかを考えてほしいと思うのです。

なぜ子どもを褒めてはいけないのか

アドラー心理学では、親と子は対等な関係であることが望ましいとされます。子どもを褒めるのは好ましい行動ではない、とアドラーは言いました。**褒めるという行為には弊害があります。「褒める／褒められる」の関係が上下関係に結びついてしまう問題です。**

たとえば、スポーツが大好きで得意にしている子がいたとしましょう。その子がスポーツを頑張ったときには、親がまったく評価しなかったのに、少しだけ勉強したときに大喜びして褒めたならば、どうなるでしょうか。

子どもは親の顔色をうかがうようになり、「親が喜ぶから仕方なく勉強をする」という意識を持つようになるでしょう。

これでは短期的に学力が伸びたとしても、いずれ頭打ちになります。勉強をするための目標を間違えているからです。

アドラーは、他人の評価を気にするのではなく、自分でやりたいことをやって成功

するのが一番の理想であると考えていました。

ですから、親が子どもに勉強をしてほしいと思うなら、「親のために勉強を強いる」のではなくて、**「自分のために勉強をする」という方向に導いてあげる必要があるの**です。

子育て本の中には、「結果が出なくても、途中のプロセスを褒めることが重要」と解説しているものがあります。これは一見すると愛情のある働きかけのようにも見えますが、実は子どもの活力を奪う行為です。

結果も出ていないのに褒めるというのも、明らかに親が上から目線になっています。

「今回はうまくいかなかったけど、頑張ったじゃない」

「結果は残念だけど、よくやった、すごいね」

などと言われると、子どもはバカにされたような気分になるかもしれません。そして、自信を持ちにくくなります。「成功した」という確信のもとに、深く喜ぶことができないからです。

アドラーは、あくまでも成功体験を得ることで喜びを感じる必要がある、と言っています。

結果が出ていないのに褒めたところで、子どもは萎縮するだけです。

子どもの自信につながるのは、「自分は成功した」という実感です。親は、上から目線で子どもを褒めるよりも、自分の力でうまくいったという成功体験を持たせることが大切なのです。

〝子どもの関心〟に関心を持つ

前述したように、アドラーは、親子は上下関係ではなく、対等な関係であると考えました。勇気づけも対等な関係の中で成立する働きかけです。

そして、親は子どもを無理やり方向づけるのではなく、子どもの潜在的な能力を最大限に引き出す役割を担っていると考えていました。

そのために重要なのが、共感することです。アドラーがいう「共感」とは、相手の目で見て、相手の耳で聞き、相手の口で話すということです。

共感するためには、相手が関心を持っている対象に関心を持つことが欠かせません。

子どもが勉強に関心を持っていないのに、「勉強しなさい」「勉強って面白いでしょう」と決めつけても、子どもが勉強嫌いになるだけです。

まずは、親が子どもの関心に関心を持たなければなりません。

小さな子どもが車の名前を覚えるのに一生懸命になっているとしたら、親は、子どもの関心に関心を持って、子どもの努力を認めてあげればよいのです。

そうすると、子どもは成功体験に向けた一歩を踏み出せるようになります。

「車についてなら、誰にも負けない」

「頑張ってもっと車のことを覚えて、みんなを驚かせたい」

このように、まずは、関心を持っている分野で成功するのが先決です。成功体験によって自信を持つ。そこで初めて、「勉強でも人に勝てるかもしれない」「運動でも勝てるかもしれない」と、関心の領域が広がっていくのです。

勉強ができる子に育てたいのであれば、この順序を忘れてはなりません。

「性格もよくて勉強もできる子」に育てるために

〝人に勝ちたい〟という欲求を持ち、それを満たしていくことが大切――というと、ただ競争に勝てばいいとする利己的な性格の子に育ってしまうのではないかという心配の声が聞こえてきそうです。

世の中には、「勉強やスポーツの能力に優れている人間は性格が悪い。なぜなら、競争至上主義で、負けている人に冷たいからだ」と考える人がいます。一方で、「競争に負けている人はひがみっぽくて性格が悪い。むしろ競争に勝利している人のほうが性格がよい」と考える人もいます。

アドラーの考えは、どちらかと言えば後者でした。

彼は、〝勉強ができる〟と〝性格がよい〟は両立するものとしてとらえていました。

人は基本的に1人では生きていくことができない、みんなで一緒に幸せになりたいという意識を持っていると考えていたからです。

アドラーは、この意識のことを**「共同体感覚」**と呼びました。

ほとんどの心理学は、人間の能力を開発したり、自信を持たせたり、人間関係をよくすることを目指しています。あるいは心の病にならないようにする、心の病から回復することを意識しています。

これに対してアドラー心理学では、人間性の向上や社会貢献を目的にしていました。

共同体感覚を持って社会に適応し、社会貢献する人間モデルを追求していたのです。

「勉強やスポーツで勝たせすぎると、性格が悪くなる」

などと心配する必要はありません。

「性格もよいし、勉強もできる」

「性格もよいし、スポーツもできる」

ぜひ、本書の読者には、そんな子どもを育てるという意識で取り組んでいただきたいと思うのです。

社会の厳しさを教えることが大切

現在の日本では、格差社会の進行はとどまるところを知らず、貧富の差はますます拡大しつつあります。そのなかで勝者となった勝ち組は、どこまでも強欲さを発揮し、弱者に対する配慮やいたわりなど、みじんも示そうとはしません。

世間の風潮やメディアを見ても、強者に正面切って異を唱える声は弱々しく、むしろ弱者を叩く声のほうが大きいのが実情です。

たとえば、生活保護の受給者に対するバッシング一つをとってもそうです。百数十万円の生活保護費の詐取に対しては苛烈きわまりない叩き方をするのに、何億円もの税金を回避する富裕層に対しては、怒りの矛先を向けるどころか、むしろ追従してしまうのはどうしてなのでしょうか。

食うや食わずの生活のなかで追い詰められて公金に手を出してしまった人には厳しい反面、お金があるのに納税しない人を「賢い」と評価するのはなぜでしょうか。

日本では公務員に対するまなざしにも厳しいものがあります。「公務員は血税からのうのうと高い給料をむさぼっている」という批判を頻繁に耳にします。

しかし、地方に行けば、売上の100％が公共事業費（つまり税金）からまかなわれている会社はざらにあります。これを、どういうわけか血税から給料をまかなっているとは言いません。

公務員の給料が上がれば叩かれるのに、こうした公共事業頼みの民間企業が潤い、トップがどれだけ贅沢な暮らしをしても叩かれないのはどうしてでしょうか。

私は、子どもに対して、こういう世の中の現状をリアルに教えるべきだと思っています。

「一部の勝ち組は、とんでもなく残酷なことをしているよ」

「世の中は本当に厳しいよ」

「勉強しないと、どこまでも勝ち組に奪われる一方だよ」

私自身、娘たちにこう言い聞かせながら育ててきました。思えば、これは私の母親が口にしていたのと同じ言葉です。

私の母親は、勉強をしないからといって私たち兄弟を叱ったことはありません。そうではなくて、**「勉強しないと、どうなるか」を何度も繰り返し語っていました。**

「勉強しないと食べていけないよ」

「食べられなくなったら本当につらいよ」

「勉強は親の見栄のためにするものではなくて、自分が生きていくためにするものなんだよ」

そうやって、勉強の競争に勝つための動機づけを行っていたのです。

勝つだけでなく、優しくなることを目指す

前述したように、アドラーは〝人に勝ちたい〟という気持ちを肯定しながらも、敗者を見下したり、放置したりすることを望んだわけではありませんでした。

アドラーが念頭においていた人物像は、競争に勝って成功者になると同時に、貧しい人の痛みがわかり、貧しい人に寄付したり助けてあげたりできるような人物でした。

親として、世の中の厳しさを教えて「勝ちたい」「勝たなければならない」と子どもに思わせると同時に、共同体感覚を持つことを教えていく必要があります。

共同体感覚とは、みんなと一緒に生きている、という感覚です。

みんなと一緒に生きているという感覚を持てば、自分だけ一方的に富を得るような人生が正しいとは思わないでしょうし、貧しい人に寄りそったり、不公平な社会を何とかしなければと思えたりするはずです。

「貧しい人に1円も寄付をしないようなお金持ちは、偉くもなければ、決してカッコよくもないよ」

「お金持ちになるのはいいけど、卑しいお金持ちになってはいけないよ」

「弱い立場の人たちには、優しくしてあげないとね」

私も、そうやって言い聞かせながら娘たちを育ててきたつもりです。

「嫌われる勇気」の本当の意味

アドラーは共同体感覚を持つことの重要性を説きましたが、これは嫌な社会でも我慢して受け入れるという意味ではありません。

アドラーが生きたのは、ナチスが台頭した全体主義の時代です。人が自由にものを言えず、国家に苦役を強いられる状況をアドラーは憂えていました。アドラーは、ナチスを集団ヒステリーの一種であるとみなしました。

こうした集団ヒステリーに抗して、社会全体をよくしていく力が人間にはあると考えていたのです。

近年、『嫌われる勇気』という本がベストセラーになったことで、日本でもアドラー心理学の認知が高まるようになりました。

「嫌われる勇気」というと、嫌われることを目指している、あるいは嫌われて1人になるのを怖れないと解釈されるかもしれませんが、それは誤解につながりかねない理解です。

「社会の中で嫌われても、自分は社会の一員であるという自信を持とう」

というのがアドラーの真意です。

ナチスのような世の中であっても、間違ったことは勇気を持って間違っていると主張する。そういう形で社会の一員として社会に貢献していくことができると言ったのです。

人は、自分の強みや自分らしさを発揮して社会に貢献することで、人生の意味を見つけ出すことができます。

ぜひ、自分の強みを持ち、社会に貢献できる子を育てていただきたいと思います。

第 2 章

子どもが自分から机に向かう言葉かけ

「成長したい」という子どもの気持ちを後押しする

子どもが自分から机に向かって、意欲的に勉強を進める——多くの親がこんな姿を理想としながらも、現実にはなかなかうまくいかず、頭を悩ませているのが現状でしょう。

アドラーは、親子は常に対等関係にあると考えました。そして、親が子どもの信頼を獲得することが、すべての出発点であると語っています。

あなたが対等な関係にある人の信頼を得るためには、いったい何から始めるべきでしょうか。

そうです。**相手をよく知り、相手の立場に共感することです。**

まずは、子どもの話に耳を傾けましょう。親が子どもに積極的な関心を示すことが第一歩です。

十分に子どもの信頼を得たうえで、子どもを勉強好きにするような言葉をかけていきます。

やってみたらできたね！

もっとできる？

もっとやってみよう！

どんなに小さな成果であっても、きちんと評価してあげるのがポイントです。

ときには〝ご褒美〟を活用してもよいかもしれません。

子どもの話を聞いているよ、子どものことを見ているよ、と伝えることが大切です。

この章では、そんな後押しにつながるヒントをお伝えしていきます。

――勉強はできればできるほど、子どもが社会で生き抜いていくうえでの大きなアドバンテージとなります。子どもが健全な競争心を発揮したならば、あとはそれを後押ししてあげるだけです。

子どもの話を聞かない親

今日は学校で何を教えてもらったの？

子どもが学校でどんなことを学んでいるのか、勉強にきちんとついていけているのかなどを知るため、親は、子どもが毎日体験したことを聞いてあげる習慣を持つことが大切です。

毎日話を聞く習慣をつけておけば、急に話をしなくなったときに、「何かあったのかもしれない」などといち早く気づくことができます。

また、つまらなそうにしている様子であれば、友人関係がうまくいっていないのか、勉強がうまくいっていないのかを、さらに質問しながら探っていきます。

たとえば、勉強がつまらない様子であれば、「今日、学校で何を教えてもらったの？」などと質問してみましょう。どこまで理解しているのか、どこでつまずいているのかについて把握するのです。

そして、「じゃあ、ママと一緒に問題を解いてみようか」などと言って、できなかった部分をおさらいしていきます。

とはいえ、子どもの話に耳を傾けるというのは、決して簡単なことではありません。子どもがようやく話せるようになったころは、話を聞くこと自体が楽しいのですが、小学校低学年にもなると、大人から見ると退屈でレベルの低い話をたくさんしてきます。

同じような内容の話を毎日されると、だんだんつまらなく感じるようになります。つまらないと感じるのは仕方がないですが、子どもにつまらなそうな顔を見せてはいけません。子どもの信頼を損なってしまうからです。

アドラーはこう言います。

「子どもを勇気づけようとするときには、最初に話に耳を傾けようと思う。即ち、その前に信頼を得られるような心の状態を創り出さなければならない」

子どもが、「親は自分の話を最後まで楽しく聞いてくれる」と感じているからこそ、何でも親に話そうという習慣が生まれるのです。

何か新しい発見があったときには、「すごいね！」「よかったね！」と声をかけてあげましょう。

歯磨きのように「習慣化」させる

ここまでの問題をやってみようよ！

最初は大変でも、時間をかけて努力すればうまくできるようになる――アドラーは水泳の技術をマスターする過程を例にとりながら、子どもに努力の必要性を説きました。

小学校の勉強の多くは反復練習を必要とします。**繰り返し練習することで、確実に学力は向上します。**

結果が出ると嬉しくなるので、もっと練習しようという意識が芽生えます。こういった前向きな学習習慣を早いうちに身につけさせたいものです。

子どもは歯磨きをしはじめたときは非常に嫌がりますが、歯磨きが習慣化していくうちに、歯磨きをしないとすっきりしないようになります。

勉強も同じように、毎日の習慣にすることで、「勉強をしないとすっきりしない」と感じるような生活リズムを作っていくのが理想です。

小学生の場合、1日の家庭学習の時間の目安は「学年×20~30分」です。1年生は20~30分、2年生は40分~1時間……6年生は3時間です。

勉強の内容ももちろん重要ですが、**習慣がつくまでは、とにかく一定の時間机の前に向かって勉強する行為が当たり前になるように意識していきましょう。**

一度勉強の習慣がついたならば、厳密に時間を守る必要はありません。「1時間勉強をしなさい」と言うだけでなく、「ここまでの問題をやってみようよ!」と分量を目安にする方法もあります。

私の経験上も、「ここまでの問題をやってみよう」と量の目標を作ったときのほうが、積極的に子どもが勉強していたと感じます。

ときには「ここまでの問題を解いたら、ゲームをやってもいいよ」と、勉強後の楽しみを見せたこともありました。このときも問題を解くスピードは確実に上がりました。

問題を解いたあとには、解答が合っているのかきちんと確認してください。ただ早く終わったというのでは、受験でも不合格になりますから意味がありません。

早く問題を解いたときには、無理に目安の時間まで勉強をさせずに切り上げるのもよいでしょう。

「勉強の先取り」は効果があるか？

他の子よりできるんだから、もっと難しいのやってみよう

子どもを勉強好きにする方法の一つに「勉強の先取り」をさせておくというものがあります。

小学校に入学する前に、小学校で学ぶことを前もって勉強しておく。たとえば九九の暗記などに取り組んでおくというわけです。そうしておけば、実際に九九の授業を受けたときに「簡単にできる」「全部できる」という自信を持つことができます。これによって、勉強嫌いになるのを未然に防ぐのです。

勉強は「先行逃げ切り型」が圧倒的に有利です。できるだけ勉強を先取りしておき、他の子よりもできているという状況を作っておく必要があります。

「自分は頭がいい」「まわりの子よりもできる」というほうが勉強に対する意欲も高まります。勉強に対する高い意欲を持っていれば、後々の学力の伸びにも大きく影響す

るはずです。

ただし、子どもによっては、「学校の勉強は簡単すぎてつまらない」などと、学校の勉強をなめてしまう可能性もあります。結果的に学校の授業についていけなくなったら元も子もありません。

「一度覚えたことをもう一度ちゃんと聞くと、ずっと覚えるようになるよ」

などと、復習の重要性を伝えていきましょう。まわりの子をバカにせずに、学校の授業をきちんと聞くという態度を身につけさせておくことも大切です。そのうえで、学校で学んでいるよりも高いレベルのドリルなどにチャレンジさせていくのです。

「すごいじゃない。勉強できるんだから、もっと難しいのをやってみようよ」

「まだ2年生なのに、3年生のことがわかったらすごいよね。やってみようか」

などと、子どもを上手に乗せていきましょう。

もちろん、無理してレベルの高い問題に取り組ませるのは厳禁です。

まわりの子よりも、習熟のスピードが遅れている場合は、むしろもっとレベルの低い問題を与えてください。とにかく「できた！」という体験をたくさん持たせるようにしましょう。

ルールがあれば大丈夫

ゲームは1時間までにしようね

心の病のなかでも医療機関で治療しにくいものの一つが「依存症」です。依存症とは、快感や高揚感をともなう行為を繰り返すうちに、その行為をしたいという欲求が抑えられなくなる状態のこと。要するに、よくないとわかっていてもやめられない病気ということです。

昔からアルコール依存やニコチン依存、薬物依存に苦しむ人は一定数いましたが、現在では加えてゲーム依存、パチンコ依存、ネット依存、スマホ依存などに陥る人が増えているように見受けられます。

テレビCMを見ていても、パチンコ、ネットゲーム、アルコールなど依存性の高い商品・サービスのCMが当たり前のように放映されています。こうした企業の倫理観に私は大きな疑問を抱いています。

子どものまわりにも、ゲームやインターネット、スマホなどの依存性の高いアイテムがあふれています。

これは「ゲームばかりやっていると勉強の成績が落ちるよ」などと理屈で諭すのは限界があります。依存症になると脳内の報酬系が壊れてしまい、自制できなくなってしまうからです。

依存状態をストップするには、その行為を遮断するほかありません。「ゲームをしていいのは1日1時間まで」などと親子で取り決めをして、その時間を過ぎたらどんなにお願いされてもゲーム機を取り上げてしまうようにすべきです。

依存の対象から離れている時間を長くすることは、依存症のリスクを下げることにつながります。

それでも、こっそり自室などでゲームをする子がいるかもしれません。重要なのは、ゲーム機やパソコン、スマホなどを子ども部屋に置くこと自体を、禁止するということです。**ゲーム機を置くなら、リビングなど共用スペースにすべきです。**

「ゲームは家族が見ている前でやる」

などのルールを作っておき、そのルールを破らないようにしていかない限り、子どもの勉強時間は際限なく奪われかねないのです。

親の「すごいね！」のパワーで野心が育つ

○○ができるようになったね。すごいね！

現代アメリカ精神分析学でもっとも影響力のある学派である自己心理学を創始したハインツ・コフートは、人間の心には初めに「野心の極」というものができるといいます。

赤ちゃんがよちよち歩きをするようになると、両親は「○○ちゃん、すごいね！」と目を輝かせて喜びます。すると赤ちゃんは、もっと親を喜ばせようと思って、さまざまなことにチャレンジするようになります。

こういった体験を繰り返すうちに、赤ちゃんには原始的な感情＝野心が生まれてきます。これをコフートは「野心の極」と呼んだのです。

この原始的な感情は、「自分には生きている価値がある」「自分はきっとうまくいく」という感情を持つことにつながります。

この考えはアドラーにも通じるものがあります。アドラーの考え方の基本となっているのは、どんなことでもいいので「何かをやることはすごいことだ」という感覚を持たせるところにあります。

アドラー自身は子どもを褒めることを推奨してはいませんが、子どもが少しでもできるようになったら「できるようになったね！」「すごいね！」と声をかけたり喜ぶことには大いに意味があると思います。

たとえば自分の名前が書けるようになったときや、かけ算ができるようになったときには、「うわっ！　すごいね！」と大げさに言うようにしましょう。

大人にとってはごく小さな進歩であっても、子どもにとっては大きな前進となる出来事はたくさんあります。細かい行動をよく観察しておき、少しでも成長が見られたときには声をかけてあげるのです。きっと子どもの野心は満たされ、「もっとできるようになりたい」と自発的に頑張るはずです。

ただし、子どもはときに不安になり、うまくいかないかもしれないと悩むときがあります。こういったときは、無理にポジティブな言葉をかけず、「パパがついているから大丈夫だよ」「ママが見ているから平気よ」といった言葉をかければ、子どもは安心できます。

小さい頃の愛情の蓄積

自分で読んでみようか

小さな子どもにとって文字を覚えていくのは、非常にハードルが高い行為です。逆にいえば、字が読めるようになることは、非常に達成感を伴う行為となります。字が読めるようになったという実感は、自立の達成経験につながります。つまり「何でも自分でできる」という感覚を持てるようになるのです。

文字を覚えるときには、まずは文字を見せながら自分の名前を教えてあげるのがよいでしょう。声を出しながら何度も字を見せているうちに、文字と音との関係が少しずつわかるようになってきます。

名前が読めるようになったら、絵本の読み聞かせをしていきましょう。 最初は、親がゆっくりと、ひらがなの絵本を読みながら聞かせていきます。何回か聞かせたあとに「自分で読んでみようか」と、自分で読ませてみます。読めなかったときには親がもう一度読み聞かせをします。

そうしているうちに、**子どもは字よりも先に物語を覚えていきます**。子どもの記憶力は非常に優れているので、短い物語であればすぐに記憶できます。物語を覚えたあとに字と音を一致させていくのです。

自分で絵本を読めるようになると、文字に対する興味が大きくなるので、どんどん他の本も読みたくなってきます。字を読めるようになることで、自然と書くことにもチャレンジできるようになります。

親が子どもに絵本の読み聞かせをすると、子どもは親から愛されているという実感を持ち、読むことが楽しくなります。「楽しい」という感情が伴うことで、子どもは物語の内容をスムーズにインプットしていくことができます。これは脳科学の研究でも証明されています。

親子で楽しみながら絵本を読んだという経験は、「勉強を教えてもらうこと」と「愛されているという感情」を結びつけます。

この効果は、後々まで続きます。小さいときに親の愛情を感じながら勉強をしたという原体験を持っていれば、子どもは「親から勉強しろと言われるのは、自分のことを大切に思ってくれているからなんだ」などと思えるようになるからです。

子どもの知識を軽視しない

その本の内容をお母さんにも教えて

私は仕事で知識人や学者などに会ったとき、「この人は今も本当にしっかり勉強している人なのか」を確かめるために、その人のお子さんの学歴を調べることがあります。

本当に勉強している人の子どもは、親の背中を見て、自分も勉強好きになる傾向があるからです。逆もまた然り。テレビなどによく出る、実は勉強していない学者の子どもは、受験の結果もぱっとしないか、小学校からエスカレーター式というパターンが多かったように思います。

もちろん、すべてのケースがそうだとはいいませんが、かなりの確率で親の勉強習慣と子どもの学歴は比例的な関係にあると思います。

この法則にしたがうならば、**子どもを勉強好きにするには、まずは親が勉強している姿を見せる**のがもっとも効果的です。

親がテレビばかり見る生活を送っておきながら、子どもには「勉強しなさい」と言っても説得力はありません。親が熱心に読書をしたり、持ち帰った仕事をしていたりする姿を見せることで、子どもは読書にあこがれ、勉強に対して前向きになるのです。

世間の親の約3分の2はまったく本を読まずに生活しているというのが、私の実感であり、おそらく実態とそうかけ離れていないはずです。

現在は、親が本を読んでいるというだけでアドバンテージを得られる時代であり、この傾向はますます加速するでしょう。

親が夢中になって本を読んでいれば、子どもも本に興味を持ちます。本に興味を持ったら、積極的に本を与えましょう。読書というと、物語や小説を読ませようとする親が多いのですが、子どもの好き嫌いを尊重してください。図鑑やマンガに興味を持ったならばあえて取り上げずに積極的に読ませていいでしょう。

高学年になったら、押しつけにならない範囲で親の本を貸したり、**子どもにおすすめの本を紹介してもらったりするのもよいと思います**。

「本の内容を教えて」と言って、子どもにプレゼンさせるのも効果的です。

そうすれば、人に紹介することを念頭に置きながら読書するようになりますし、上手に人に説明する能力を磨くことにもつながります。

「ご褒美」がもたらす本当の成果

テストで成績が上がったら買ってあげるね

アドラーは子どもを甘やかして育てることには批判的でした。**何の努力もしない子を褒めたところで、子どもは努力することを覚えません。**

無条件で子どもに欲しい物を与え続けるのも同じです。何もせずに欲しい物が与えられる生活を送っていると、子どもはいつでも自分のわがままが通じると考えるようになります。

結果として、社会に出てから周囲と協調しながら仕事を進めることができず、転職を繰り返したり、引きこもりになったりする可能性も高まります。要するに、共同体感覚が身につかず、相手の気持ちを考えることができない大人に成長してしまうのです。

子どもが「○○が欲しい」「○○を買って」とリクエストしてきたとき、無条件に与えるのはやめましょう。

「次のテストで成績が上がったら買ってあげるね」

「毎日お皿洗いを手伝ってくれたらね」

など、努力への対価として物が得られるという方法をとるのです。

子どもを物で釣ることに対しては批判の声があるかもしれません。しかし、私は悪いことだとは考えていません。社会そのものが労働の対価として報酬を得る仕組みになっているわけですから、早いうちにその仕組みを理解させるのも重要だと思うのです。私自身、娘たちにはテストの成績がよかったらご褒美を出すようにしていました。

ご褒美を出すことで、子どもは「努力をすれば認めてもらえる」という実感を得ることができるようになります。同時に、ゲーム感覚で勉強に対して意欲的になるという効果もあります。

もっとも、この方法はすべての子どもに通用するわけではありません。

私の経験では、下の子はご褒美を与えるやり方が効果的でしたが、上の子にはあまり使えませんでした。上の子は、物欲でやる気を高めるというより、持ち前の向学心で自ら学んでいくタイプでした。

子どものタイプを見て、ご褒美を使うかどうかを適切に判断することが必要だと思います。

子どもの競争心を育む、こんな一言

友だちにも勉強を教えてあげるといいよ

受験というと、どうしても1人でも多くのライバルを蹴落として勝ち抜く、足を引っ張り合うというイメージが強いようです。

しかし、実際にそのようなメンタリティを持つと、お互いに排除し合ったり、勉強させないように努力したりする方向に向かいます。結果的に、まわりの人だけでなく自分自身の学力を下げることになります。これは芥川龍之介の『蜘蛛《くも》の糸』の話を連想させます。

実は、お互いに受験の情報を交換し合ったり、勉強を教え合ったり、ノートを貸し借りしている学校のほうが、受験の合格率が高い傾向があります。

私が在学していた灘高がまさにそうでした。

灘高には、同級生同士で協力して一緒に学力を高めていこうという校風がありました。当時は東大合格者数日本一を争っていたので、助け合いをして、他の学校に負けたくないという気持ちがそれぞれの生徒たちのなかにありました。

受験の勝者は人情味に薄い、人間性が欠落しているというのは間違っています。むしろ受験勝者のほうが人付き合いに優れた子が多いものです。

受験というストレスに打ち勝つうえで、支え合える友だちがたくさんいることは大きな強みとなります。同じストレスを抱える者同士で、共感し合いながら励ましていくことができるからです。つまりストレスの軽減につながるのです。

支え合いながら勉強する経験を通じて、子どもは人間的にも大きく成長することができます。

アドラーの「共同体感覚」は、この助け合いの精神に通じています。みんなで助け合うことでよい社会になる、他人に貢献したことは必ず自分に返ってくるということです。要するにアドラーは「みんなで幸せになる」社会のあり方を提案したのです。

受験を通じて子どもを成長させていくには、親としてのサポートが不可欠です。友だち同士、ときに競い合い、ともに助け合いながら一緒に合格できることがよいことだと教えていきましょう。

子どもは競争と協調が両立することを確実に学んでいくに違いありません。

「努力の貴重さ」を信じさせる

親の学歴は関係ないよ

アドラーの父親は穀物商を営んでおり、比較的裕福な家庭だったようです。

父親や母親に学問の才能があったのかどうか、教育熱心だったのかどうかは、はっきりとはわかりません。

彼は、勉強ができないならギムナジウムをやめて職人になれ、と父親から脅かされた経験があるといいます。ギムナジウムとはドイツ国立の中等教育機関であり、大学などの高等教育機関に進むための教育が行われます。

ドイツでは、早い段階から高等教育と職業教育にコースを分ける制度が採用されています。どちらのコースに進むかによって、大学に進学するか、職人になるかが決まってしまうわけです。

アドラーは勉強して成績が向上した結果、職人の道に進むことはありませんでした。

このときの実体験もあって、**学力は遺伝しない**、遺伝の影響を重視する考え方は有害であると繰り返し述べています。私自身、遺伝子の影響がゼロであると確信しているわけではありませんが、それほど関係はないと考えています。むしろ環境が与える影響のほうが大きいのではないかと思います。

私の娘たちが中学受験をしたとき、周囲の受験生の親も中学受験の経験者が多数派でした。親が受験を経験していれば、受験勉強を教えることができますし、合格するためのテクニックにも精通しています。塾の情報についても有利といえるでしょう。

つまり生物学的な遺伝が作用しているというより、こうしたテクニックの伝授が受験の有利不利を決めているということです。

少なくとも親は、遺伝の影響を信じないほうがよいと思います。

「パパも東大には行けなかったから……」

「親戚で東大に行っている人はいないし……」

などと子どもの前で口にすることで、何の得があるというのでしょうか。

優秀な親の遺伝子を受け継いだからといって、**やはり努力しなければ才能をつぶしてしまうだけです**。遺伝子よりも努力が大事であり、努力しだいで学力を伸ばすことができる、と信じさせる言葉かけを意識したいものです。

多少の嘘も方便

お父さんのおじいちゃんは勉強ができたんだよ

子どもが「自分はバカだ」と思った時点で、それ以上勉強する意欲を失います。

先の項目で、親の学歴は関係ないと言いましたが、子どもに「勝てる」という自信を持たせる方法の一つとして、自分の家系に誇りを持たせるのはよいでしょう。

「うちの先祖にはこんなに偉い人がいた」

「**うちは勉強ができる家系だよ**」

「同じ血が流れているんだから、お前も賢いはずだ」

第1章で前述したように、私の母親は弟に対して、しつこいくらいに、そう繰り返していました。

中学受験に失敗した弟は、自宅から離れた学校に通うようになったのですが、そこはたまたま祖母の家に近く、弟は祖母の家にしばしば立ち寄るようになりました。

祖母は祖母で、弟に対してさんざん戦前の自慢話を聞かせていたようです。敗戦によって土地が奪われなければ、名門の家として立派な暮らしをしていた……などと吹き込んでいたのに違いありません。

半分は母親と祖母の思い込みと願望だったのかもしれません。それでも、弟は「自分は賢い」と思い込み、結果的に中学受験の失敗を挽回して東大に合格したのですから、母親と祖母の教育法は成功したことになります。

直接の祖父や祖母が高学歴でなくても、親戚中を探せば1人や2人は高学歴者が見つかります。その人にかこつけて**「勉強ができる家系だ」と言い切ってしまってもよい**と思います。

多少の嘘も方便です。

少なくとも「うちの親戚には賢い人がいない」と言われるよりは、勉強の動機づけにはなるはずです。あとで実態がわかったところで、親を恨むようなことはないでしょうから。

仮に親戚中に不出来な人間がいたとしても——往々にして1人や2人はいるのでしょうが——あえてその人の話題には触れないようにするのも親の配慮です。

第3章

何気ない口ぐせが子どもを勉強嫌いにさせる

「結果」を責めるのではなく、「未来」に目を向ける

勉強ができなかった子どもを見る親は、複雑な感情を抱えています。純粋に奮起してほしいという気持ちもあるでしょうし、反抗的な態度へのいらだちもあるでしょう。

ときには諦めに近い感情が交じっていることがあるかもしれません。

自分では叱るつもりはなくても、ちょっとした一言に子どもを叱責するニュアンスが混じってしまいがちです。

いずれにせよ、できなかった結果を見て叱ったり、罰を与えたりしたところで、子どもはますます勉強が嫌いになるだけ。

本当は、親は**未来に目を向けて、「どうすれば勉強ができるのか」を一緒に考えていく必要がある**のです。

アドラーは、まず勇気づけることが先だ、と語っています。

勇気づけとは、ただ子どもに愛情を注ぐことです。

勉強ではなく、子どもの生活態度を評価してあげることです。

遊びと勉強の両立をサポートしてあげることです。

子どもの得意分野や長所を見つけてあげることです。

本当は勉強ができるはずだ

と信じてあげることなのです。

この章では、子どもが勉強嫌いにならないようにするために、どのような言葉かけが適切かを考えていきたいと思います。

――「私は自分に価値があると思うときにだけ、勇気を持てる」

アドラーは、このようにも言いました。

結果を褒めて、行動を叱る

全然できていないじゃない！

私が小学生のころは、逆上がりができない子どもに対して体育教師が「どうしてできないんだ！」と叱責する光景が日常的に見られました。

できない子どもを叱ったからといって、やり方がわからないのですから、できるようになるわけがありません。私自身、そうやって教師から叱責されて、運動そのものが嫌になってしまった過去があります。

これは勉強でもまったく同じです。テストの成績がよくなかった子どもに対して「全然できていないじゃない。何をやっていたの？」などと問い詰めても、その子の劣等感が強くなり、ますます勉強嫌いになるだけです。

親や教師の役割は、子どもに「どうすればできるか」という方法を教えてあげることです。これに関してアドラーは「劣等性を批判するのではなく、勇気づけるべきだ」と言っています。

京都大学名誉教授で教育心理学者の子安増生先生とお話しする機会があったとき、「**結果を褒めて、行動を叱る**」という認識で意見が一致したことがあります。

たとえば、子どもがテストでいい成績をとったら、何はともあれ評価してあげるべきです。まるで勉強をしていなかったように見えたとしても、結果に注目して認めてあげるのです。

テストでいい結果を出したということは、子どもなりに勉強のやり方を工夫したり、問題の解き方を発見したりしたという事実を意味します。そこを認めると、子どもは嬉しくなり勇気づけられます。次はもっといい点数を取ろうと、ますます努力するようになるのです。

テストで成績がよくなかったときは、あえて叱ることはしません。叱っても点数が上がるわけではないと認識してください。

叱るのは、あくまでも子どもの行動です。試験の結果は変えることはできませんが、テストの点が悪いのに「勉強をしない」という行動は変えることができます。

変えることができる行動を叱ると同時に、「こうすればできるようになるよ」とアドバイスをするようにしてください。

罰しても、勉強しない

次に勉強をサボったら外出禁止だよ

「子どもたちを罰しなさい。そうすれば、子どもたちは、大人は強く、子どもは弱いことを学ぶだろう。……必ず失敗すると感じるようになるだろう」

アドラーは子どもを罰することについて、かなり手厳しく批判しています。特に体罰には否定的であり、次のように記述しています。

「体罰は無効である。なぜなら、社会は敵対的であり、協力することは不可能であるということを犯罪者に確信させるだけだからである」

ここでの「犯罪者」は、悪さをした子どもを意味しています。要するに、悪さをした子どもを罰しても改心することはなく、再び同じ間違いを起こす可能性が高いということです。

外出禁止、ゲーム禁止、部活動禁止……いずれも罰の効果は期待できないと考えたほうがよいでしょう。

アドラーは「**自分に価値があると思うときに勇気を持てる**」と考えていました。子どもを罰するということは、子どもの価値を否定することになりますから、勇気がくじかれるのも当然です。

勉強をしない子を罰しても、勉強をするようにならないのはもちろん、ますます頑なになるだけだと理解してください。

「どうしてサボったのか？」

「育て方が間違っていたのでは？」

原因論にこだわっていると、子育ての悩みは深まるばかりです。

目的論で考えれば、勉強をサボったのは親の注目を集めたいという目的があったからかもしれません。その場合は、叱るよりも、あえてそっとしておくほうが効果的といえます。

注目されなくなった子どもは、親に注目されるという目的を達成するために、勉強や運動を頑張ろうと思うかもしれません。

親としては、「勉強ができる」という未来に目を向け、勉強が楽しくなる考え方、勉強ができるようになる工夫を教えていけばよいのです。

まわりの人の顔色をうかがう子

遊びより勉強のほうが先でしょ！

「子どもたちを他の子どもたちから孤立させなさい。そうすれば、他の人とうまくやっていく方法を決して学ぶことなく、友情と協力が可能であることを知らずに人生を送ることになるだろう」

アドラーは、子どもが他者と友情を育み、協力することの大切さを説いています。子どもは友だちとの遊びを通じて、他者とのかかわりを学び、他者との共存を模索していくものです。

勉強をさせなければと焦るあまり、親が子どもの友情を妨げるのは得策ではありません。

「友だちに誘われたので遊びに行ってもいい？」

などと子どもに聞かれたら、本人の意思を尊重して、遊びに行かせてあげればよいのです。

その時間は勉強を予定していたのであれば、遊びに行かせるときに「帰ってきたらちゃんと勉強するんだよ」などと、勉強と遊びを両立するように導いていくのです。

ただし、子どもが「仲間はずれにされたくないから」というだけの理由で遊びに行こうとしているのなら、積極的に行かせる必要はありません。

学校では誰とも分け隔てなく仲良く接することが奨励されています。**建前としてはもっともですが、現実としてすべての人間関係を友好に保つのは不可能です。**

それに、1回や2回の誘いを断っても仲間でいられるというのが、本当の人間関係であり、友情でもあるはずです。

親は、子どもが仲間はずれにされるのを極度に怖れる必要はありません。むしろ周囲の顔色をうかがいすぎないように教えていくことが大切です。

普段から子どもの交友関係については、自然な会話のなかで把握しておくようにしましょう。

本当に仲のよい友だちは数人いれば十分。そのくらいの気持ちで、勉強と遊びのバランスを考えてください。

子どもが親に絶望するとき

どうせ、またサボってゲームやるんでしょ？

親が子どもの勇気をくじくのは、子どものやることを一方的に決めつけたときです。

「どうせ勉強をしない」

「どうせサボることだけを考えている」

「どうせゲームをする」

「どうせ悪い成績をとる」

こうした決めつけを、アドラーはベーシックミステイク（基本的な誤り）の一つだとしています。

特に問題なのが、決めつけの延長線上にある子どもへの〝絶望〟です。

アドラーは言います。

「母親が自分のことに絶望していると感じれば、子どもは大いに勇気をくじかれる」

「両親が子どものことで勇気をくじかれているとき、そのことは子どもにとって非常に悪影響を及ぼすということをわれわれは知っている。そのとき、子どもはあらゆる希望を失うことを正当化される。そして子どもが絶望するとき、彼の共同体感覚の最後の痕跡も失われる」

親が子どものことで絶望すると、子どもは親から見放されたと考え、未来への希望を失います。

そして、**子どもにとって絶望以上につらいのが、叱られることさえない「無視された状態」です。**相手にされないことほどつらいことはありません。まだ、面と向かって文句を言われているほうがましなのです。

絶望は無視につながりやすいので注意してください。

子どもに対して親のメッセージを伝えるには、何をおいても「愛されている」という実感を与えていくのが一番です。「親が自分のことを気にかけてくれている、好きでいてくれる」という確信を持っていれば、子どもは親の言葉を受け入れようとします。

愛情を注ぐといっても、特別なことは必要ありません。日々の暮らしのなかで、ちょっとした愛情を見せていけばよいのです。子どもに好きなおかずを作ってやるなど、ささいなことでも愛情は十分に伝わります。

「完璧」を求めてしまう親

なんで汚い字で書くの？

子どもが何か問題を抱えているとき、その問題について指摘するだけでは解決にはつながりません。

あるとき、アドラーは12歳になってもおねしょが止まらない少年と親に対して、公開カウンセリングを行いました。そこで語ったのが次の言葉です。

「今は勇気づけるしかない。彼の問題について語ることは勇気づけにならない」

要するにおねしょをしているという問題について語っても、彼にとってよいことはないというわけです。

おねしょは泌尿器科の症状の問題でもあり、おねしょをしているからその子に能力がないというのとはまったくの別問題です。

認知症患者の介護の世界でも「失禁をする老人はダメな人」というレッテルを貼られがちですが、認知症でなくても失禁することはありますし、失禁以外に問題がなければば、認知症患者のなかでも比較的症状が軽いといえます。

子どもが汚い文字を書くからといって、勉強ができないとは限りません。人格がゆがんでいると決めつけるのも間違っています。

親が子どもの問題について悩んでいるとき、往々にして問題点ばかりに目が向いていて、子どもがどんな特徴を持っているのか、何に関心を持っているのかなどに無関心になりがちです。

重要なのは、きれいに字を書くことではありません。子どもの長所や得意分野に注目することです。

「今回も算数のテストがよくできたね」

「早寝早起きができているのはすごいと思うよ」

できていることを評価したうえで、問題である文字については、少しずつ勇気づけをしていくようにしてください。

「前より、上手な字が書けるようになってきたね」

「今日は上手な字を書いているね」

最初から完璧を求めないようにするのも、大切なポイントです。

「愛されて育つ」という強さ

算数は得意なはずなのに……

子どもが得意科目でつまずいてしまったとき、その教科を嫌いになりかけたときに、親としてどのようにフォローするのがベストでしょうか。

「算数は、できるはずだから大丈夫」

「やればできるでしょ」

そういった言葉で自信を取り戻してくれればよいのですが、それでもうまくいかないと、親自身に焦りが生じ、しだいに叱責口調になることもあります。これでは、自信を回復させるのは非常に困難です。

「**私は自分に価値があると思うときにだけ、勇気を持てる**」

と、アドラーは語っています。

子どもの勉強に置き換えれば、勉強が嫌いになるのは、勉強そのものが難しいというよりも、自分自身に価値があると思えなくなっている可能性があります。

親が思っているように、子どもには確実に算数の問題をクリアする能力があります。しかし、子どもは、算数に向き合わないという「決心」をして、その決心を正当化するために、自分に価値がないという理由づけをしているのです。

親として優先すべきは、まず子ども自身に価値があると思わせることです。これこそがアドラー心理学でいうところの「勇気づけ」です。

「自分は生きている価値がある人間だ」という明確な自信の裏づけとなるのは、親から愛されているという実感です。

精神分析学の世界では「愛されて育った子どもは偉くなりたいと望む確率が高い」とされています。

「親に愛されている」「大事に思われている」と実感している子どもは、親を泣かせるようなことをしてはいけない、親を喜ばせるようなことをしたいという意識を持つようになります。

つまり、自信を持って勉強に取り組むだけでなく、世の中で生き抜いていくこともできるようになるのです。

小学生時代で成績が頭打ちになる子の特徴

もっと勉強をしなさい

文部科学省が発表した全国学力テストのランキング（2021年）では、小学生の成績が最もよいのは石川県、次いで秋田県、東京都、福井県、京都府となっています。たとえば秋田県では、「少人数学習推進事業」「学習状況調査」などさまざまな施策によって学力を押し上げたとされ、メディアにも好意的に取り上げられるのを目にすることがあります。

一方で、東大合格率や大学進学率を見ると、秋田県や青森県は下位を低迷しています。要するに、**小学校時代の学力が大学進学に結びついていない**のです。これはいったいどうしたことでしょうか。

小学生の学力は、教育熱心な地域とそうでない地域の差が大きく表れます。教育に力を入れれば、その成果は確実に学力テストの点数に反映されます。

しかし、ここに**落とし穴**があります。

学力テスト上位の地域では、基本的に、「宿題をたくさん課す」など、詰め込み式のやり方で学力の底上げを図っています。

これは短期的には一定の成果を上げるのですが、長期的な効力は持ちません。効率の悪いやり方なのに根性だけで勉強していると、課題が難しくなったときに成績が伸びにくいのです。親が単なる根性論で「もっと勉強しなさい」と叱咤するのは、勇気をくじく言葉かけとなります。根性論で勉強させても、必ず成績は頭打ちとなります。

秋田県内の高校では、大手進学塾のアドバイスを受けた結果、東大合格者数が大幅にアップしたという事例があります。勉強は根性論ではなく、テクニックで決まるということが、はからずも証明されたわけです。

勉強は苦しいことも多いですが、そこで苦を感じないように工夫するところに勉強をする一つの意味があります。

苦しい課題を工夫によって切り抜ける経験は、大人になってから仕事などで必ず役に立ちます。苦しい課題を解決できる人は、周囲の人や職場から必要とされ、出世したり事業に成功したりしています。ですから、親としては苦しい勉強を一方的に強いるのではなく、工夫が大切であることを教える必要があるのです。

私が箸をうまく持てない理由

いつになってもできないな

「本当にお前は○○ができないな」

「いつになったらできるようになるんだろうね」

親としては、軽い気持ちで発した言葉でも、子どもにとっては勇気を大きくくじくのがこのような言葉です。

「できないこと」に着目して、叱ったり揶揄《やゆ》したりしても、子どもにとってプラスになることは一つもありません。仮に、子どもが高い自己評価を持っている場合は、親に叱られても、「自分はできる」という自信があるので落ち込まずに発奮材料にできるかもしれません。しかし、自信を失いかけている子に言うと、はね返すどころか、完全に自信を喪失させるだけです。

私は、実は箸の持ち方が上手ではありません。以前、韓国に講演旅行に出かけたとき、現地の偉い学者先生から「和田先生は箸の持ち方がダメですね」と指摘されてしまいました……。

思えば、箸の持ち方については両親から厳しく叱られた記憶があります。

「箸もまともに持てないなんて恥ずかしい」

「そんな箸の持ち方を教えたつもりはない」

強く叱られても結局直らなかったわけですが、今になって思えば、強く叱られたからこそ、余計に直らなかったのではないかと思うのです。

子どもが〝できない〟と思っているものに対して、輪をかけて〝できない〟と言ったならば、子どもにとっては一生ものの傷になりかねません。できない子にできないことについて言及するときには、他の〝できること〟に目を向かせる必要があります。

「お前は確かにダンスは難しそうだから、勉強でみんなに勝つしかないね」

「大人になって会社で逆上がりをさせられている人なんていない。だから、**逆上がりなんかできなくたって全然問題ないよ**。それより大事なのは勉強ができるようになることだよ」

と、他の分野に目を向けさせるのです。本書では何度も語っていますが、とにかく「自分はできる！」と自信を持たせるようにするのが一番だと私は信じています。

「勉強」を軽視しない

勉強だけできてもダメだよ

私の学生時代には、「勉強だけできる人間は何かしらの問題がある」とみなされる風潮がありました。「勉強だけしていないでスポーツも頑張れ」「社会性も身につけろ」などと、周囲の大人から口やかましく言われたものです。

高校生のとき、ある〝事件〟が起きました。麻布高校の生徒が、高校野球の地区予選の応援をしていたとき、一方的に打ち負かされた腹いせに、こんなヤジを飛ばしたのです。

「やーい、落ちこぼれ。悔しかったら東大に来い」

この言動は、当時の大人たちの大ひんしゅくを買いました。「勉強ができても、あんな人間になってはいけない」という一大キャンペーンが張られ、麻布高生たちが後ろ指をさされる事態に発展したのです。

当時、灘高生だった私は、東大をめざすのがおこがましいくらいの落ちこぼれ生徒でした。本当のところをいえば、麻布高校も現役で東大に合格できる生徒は全校生徒の1割程度。「東大に来い」というのは、ある種の自嘲から生まれた言葉だったのではないか、彼らはそこまでうぬぼれてはいなかったのではないかと推測しました。

もちろん、彼らの発言が行儀のよいものだったとは思いません。

しかし、少しでも社会の秩序を乱すような発言をしただけで、よってたかってバッシングを浴びせる風潮には恐怖感を覚えます。とくにSNSなどの発言が簡単に炎上する現代ではなおさらです。

アドラーは、他人を蹴落としても勉強ができればいいと考えていたわけではありませんが、人の取り柄を伸ばすことを重視していました。

勉強ができるというのも一つの取り柄であり、多少の欠点に目をつぶることによって、人が取り柄を発揮する余地も生まれてくるものです。

子どもを勉強ができるようにしたいのであれば、**親は「勉強が大事」という価値観を最優先すべきです**。大人になれば、勉強だけではうまく行かないことくらい自分で気づくようになります。まずは勉強ができたら、それをきちんと評価してあげることが肝心なのです。

「のびのび育てる」は正しいか？

地元の大学に入れれば十分

本書の冒頭でもふれましたが、息子3人と娘1人を東大理3に入学させ話題となった佐藤亮子さんと対談する機会がありました。子育てや受験について話しているうちに、ふと「過保護とは何だろう？」と考えました。

佐藤さんは「受験に恋愛は無駄です」と発言したことで、多方面から批判の的となりました。子どもに干渉しすぎであり、過保護すぎだというのが主な内容でした。

私に言わせれば、**子どもが傷つくのを怖れ、受験などにチャレンジをさせない親こそが、本当の過保護**ではないかと思います。

「そんなに無理をしないでのびのびと育てばいい」

「地元の大学に入って、地元で働いてくれれば十分」

こういった発言は、子どもを思いやっているようでいて、実は子どもの上昇志向を妨げています。

「外に1人で出ていくことの危険や、どんなことでも自力ですることについて過度に警告しなさい。そうすれば、人生はあまりに困難であると信じるようになるだろう。ためらい、臆病になるだろう」

アドラーが言うように、大人が無理だと思ったり、不安に思ったりしていることは子どもも敏感にキャッチします。

私自身、かつて「**あなた方が東大に入らないのは、受けないからだ**」と発言してひんしゅくを買った過去があります。

取り方によっては神経を逆なでする表現だったかもしれませんが、何と言われても、受けない限り受からないのは100％の真実です。

受験した人が全員東大に合格できるわけではありませんが、挑戦した結果、「1問でもできた」という経験をすれば、「自分は成長できる」という実感は得られるはずです。

怖れずにチャレンジする姿勢を親が見せていくことで、子どもにも怖れない性格が備わってくるようになるのです。

受けようとする前から「東大なんて無理」と、絶対にあきらめないでください。

原則として、「大人と子どもは対等」である

大きくなったらわかるよ

子どもが背伸びをして大人の話に加わろうとしたとき、あるいは手に負えない課題に挑戦しようとしたとき、どんな言葉をかけているでしょうか。

親であれば、子どもが理解できるか、手に負えるかどうかは事前にわかるでしょうから、ついついこんなふうに突き放して答えがちです。

「まだ早いよ。大きくなったらわかる」

「いつかはわかるんだから、今はいいの」

アドラーは大人が上で子どもが下、という人間関係を否定し、あらゆる人間関係は対等であるべきと考えていました。

大人たちに向けて次のように警告しています。

「子どもたちが質問をすれば、『大きくなったらわかる』と言いなさい。これもあなたが子どもたちを対等な人間とは見ていないということを子どもたちに示すことになるだ

ろう。彼（女）らは質問するのをやめ、愚かになるだろう」

親が子どもよりも知識や経験が豊富なのは当たり前です。

しかし、それは単純に親が先に生まれたというだけであって、人間としてはあくまでも対等です。

子どもに対して、「あなたは物を知らないけど、自分は知っている」という態度で親が接していると、子どもたちはそこでさまざまなことに対する好奇心を失ってしまうだけです。

大人の話を知りたいのであれば、突き放さずに、伝えてもかまわない範囲でわかりやすいように伝える。無謀な挑戦もあたたかく見守り、できるようにサポートしていけばよいのです。

もちろん、それでも子どもには理解できないことがたくさんあるでしょう。そのときも対等な目線で、希望を持たせる言葉をかけるべきです。

「パパだって、そのくらいの歳のときはわからなかった。でも、だんだんわかるようになるから大丈夫だよ」

大人と子どもは対等である。この原則を忘れないようにしてください。

成長意欲をそぐ〝意外な〟言葉

それは、まだ難しいと思うな

親が子どもに対して「これはまだ無理」「これはやめておいたほうがいい」などと限界を設けることで、子どもが得することは何一つとしてありません。

もちろん危険性が高い川での泳ぎや、金銭的に負担の大きい自転車の購入などは慎重に判断する必要があります。

しかし、基本的に安全が保証されている限りは、限界を設けず何でも挑戦させることが大切です。

アドラーはもともと算数が得意ではなく、算数の適性がないとみなされていました。ところがある日、突如として難しい問題が解けたという体験がきっかけとなり、算数に対する考え方を改めるようになります。結果的に、算数は最も得意とする教科となったのです。

教師や父親は、アドラーの才能に気づかず、学業で大成するとは考えていなかったようです。彼の場合は、自分で才能に気づくことができた幸運な例といえます。

勉強でも運動でも、子どもの限界を設けず、やってみるように勧めてください。

たとえばプールの飛び込みでも、「怖いけどやってみたい」という子どもの気持ちを後押ししてあげるのです。「自分はできる」「自分は頭がよい」という思い込みが、子どもを支える自信となります。

挑戦しようとする子どもに対して、「やればできるよ」「心配しなくても大丈夫」と声をかけるのもよいでしょう。ただし、それだけで子どもが納得してくれるとは限りません。まずはハードルが低い挑戦をさせて「できた」という成功体験を積ませるのが先決です。

「やってみたらできた」という体験が、「自分はやればできる」という確信につながっていきます。そこで「算数はもっとできるようになるよ」「東大でもきっと受かるはず」などと声をかけていけばよいのです。

ただし、「自分はできるから努力しなくてもいい」と思うようになると、子どもの成長はそこでストップします。子どもには、もっと成長していくためには努力が必要であることを繰り返し伝えながら、成長意欲を持たせるようにしていきましょう。

反発する子への〝間違った〟対応

お前の考えは間違っている！

「どうして勉強しないといけないの？　タレントの○○は中学卒業だけどあんなに活躍しているじゃない」

子どもからこのような理屈を持ち出されたら、どう対応すべきでしょうか。子どもは勉強したくない言い訳として、例外的な事例を持ち出ち、親をやり込めようとすることがあります。

「生意気なことを言っていないで勉強しなさい！」
「子どものくせにわかったようなことを言うな！」
「お前の考えは間違っている！」

などとムキになって叱ったところで、子どもはやる気を持つことはありません。

アドラーは親が子どもと戦ってもよいことは何もないと語っています。

親が子どもを追い詰めると、子どもは親に反感を持つだけだからです。

この場合は**冷静に言葉で現実を理解させるのがベスト**です。

「確かに中学卒業の学歴で活躍している人はいる。でも、それは例外中の例外だよね。活躍しているタレントの中で、中卒の人の割合はどれくらいかな？」

「もちろん中卒の人をバカにするつもりはないし、バカにしてはいけないよ。成功した中卒の人は、逆にすごい努力をしているのかもしれない。だから、あなたが例外中の例外に本当になれると思うんだったら、勉強以上に厳しい道を選べばいいんじゃないかな」

「大人の世界でも、出世している人は、みんな勉強熱心な人なんだよ。たとえばお客さんから『この商品について教えてください』と聞かれたときに、『勉強不足でわかりません』と答えたらどうなる？　そんな人から商品を買いたいとは思わないよね？　会社の上司から『これについて説明してくれ』と言われたときに『詳しくはわかりません』では通用しないよね。勉強をして新しい知識を身につけておかないと、仕事はできないんだよ」

ムキになって子どもをやり込めたり、頭ごなしに叱ったりするのではなく、このように理路整然と社会の現実を伝えたほうがよいのではないでしょうか。

第4章

「自分で考える子」は最後に強い

仲間はずれを怖がってはいけない

人より目立ちたくない

仲間はずれになりたくない

空気を読んで大人しくしていなければいけない

昔から日本で見られるこのような風潮は、今ますます強くなってきているように思います。

とくにSNSなどで気軽に子ども同士がつながるようになってから、仲間はずれを恐がる傾向は明らかに加速しています。

実は、**子ども自身よりも、子どもの仲間はずれを過度に恐れているのが親です。**

一度仲間はずれになったら取り返しがつかなくなる――そのような親のおびえは、子どもにも敏感に伝わり、**子どもの考えや行動を萎縮させます。**

そうやって、横並びのまま育った子どもが社会に出たら、どうなるか。

今までにない新製品を出せ

もっといいアイデアはないか

新しい視点からプレゼンしてほしい

実社会が要請するこのような課題に応えることができるとは、とうてい思えません。

厳しい社会で生きていくためには、自分の頭で考え、自分の意見を言う力が必要なのです。

この章では、仲間はずれになることを恐れず、自分の考えをきちんと言える子にするために親は何と声かけすればいいか。

親としてのサポートのあり方を考えてみることにします。

理由を考えさせ、言葉にする訓練

どうしてスマホが必要だと思うの？

「みんなが○○しているから、私も○○したい」

子どもはしばしばこの理屈を持ち出して、自分の要求を通そうとします。友だちに合わせたい、できれば周囲からはずれた行動はしたくないという気持ちを子どもは持っているからです。

たとえば自分だけスマホを持っていないとグループに入れてもらえない、1人だけ仲間はずれにされる心配があります。グループ内でスケープゴート（いけにえ）にされて、いじめられる可能性もあります。

ですから、「みんなが○○しているから」という言葉は親（特に母親）を動揺させます。仲間はずれになるのを心配して、子どもの要求をのんでしまっている親が多いのではないでしょうか。

しかし、**親が周囲の顔色をうかがうような態度を示していると、子どもはますます**

周囲に迎合する性格を強化するだけです。

時と場合に応じて、親は子どもに対して「いつも友だちと同じでいいの？」と問いかける必要があります。

「スマホがないから仲間はずれにするというのは、本当の友だちなのかな？」

「みんながスマホを持っているからあなたも欲しいというのでは、自分の意見がないことになるよ。『みんなが持っているから』ではなくて、あなたはどうしてスマホが必要だと思うのか教えてよ」

アドラーは、何歳であっても子ども扱いをすべきではないという考えを持っていました。

たとえ幼くても、自分の意見を言わせて、その理由も説明させることが重要です。

現実的に、親子の連絡用や塾の連絡用としてスマホが必要なケースもあるでしょう。あえて子どもを孤立させる必要もありません。

しかし、あくまでも自分の意見を持って行動することが大切であるというメッセージを伝え続けることは大切です。

親は過剰反応しない

仲間はずれを怖がる必要はないよ

アドラーが提唱した「共同体感覚」という概念は、まわりに合わせて生きたり、周囲の期待に応えて生きたりする意味ではありません。同じ人間として、〝共同体に属している〟〝共同体の一員である〟という自覚のことです。

自分が共同体の一員であるという自覚を持つことができれば、子どもはむしろ自由に生きることができます。共同体に確実に属していると実感しているからこそ、

「LINEに四六時中答えなくても仲間でいられる」

「SNSで、ある人に仲間はずれにされても、他の人とは仲間のままだ」

などと思えるようになるのです。

親として大切なのは、仲間はずれを過度に怖れず、親自身が仲間はずれの恐怖から自由になることです。

今は、ちょっと子どもが仲間はずれにされそうになっただけで慌ててしまう親が少な

くありません。学校や仲間はずれをしている子の親にクレームをつけるなど、騒ぎを大きくすることがあります。

要するに、**仲間はずれにされることに対する耐性がなさすぎる**のです。

親が仲間はずれに過剰反応すると、子ども自身に悪影響が及びます。なぜなら、親がパニックになる様子を見た子どもが、「自分はダメな子だ」「自分はみじめな子だ」と感じてしまうからです。

そして、親にこれ以上心配をかけたくないと考え、同じような出来事が起きたときに、二度と親には相談しなくなります。

親の仲間はずれへの恐怖は、必ず子どもにも伝染します。ですから、大切なのは親自身が仲間はずれにされたくらい問題ないと腹をくくることです。そして、その姿勢を普段から子どもに対しても伝えておくのです。

子どもが仲間はずれになっていることに気づいたときは、慌てずに子どもを信じてください。「みんなから好かれる必要はない。仲間はずれは怖くない」と言って励ましてあげるのです。目先の仲間はずれを回避するより、子どもを強い心の持ち主に育てるほうを優先すべきです。

「自分の意見」のある子、ない子の差

言いたいことはきちんと言おうね

学校で〝スクールカースト〟と呼ばれるものができるのは、子どもたちの間で共同体感覚を持つことができていない証拠です。共同体感覚を持てないから、仲間同士で排除したり、序列をつけたりする。言い換えると、排除されたり序列をつけられたりすることに極度におびえながら生きているわけです。

人は共同体感覚を獲得したとき、仲間はずれになることを怖れないだけでなく、自分の言いたいことが言えるようにもなります。

どんなことであっても、言いたいことは言い合える。これが共同体感覚を身につけた状態の人間関係です。

信念にもとづいて言いたいことを言うのは、決して簡単なことではありません。

たとえば、原子力発電に反対する世論が高まったタイミングで「私は原発の再稼働に反対します」と声を上げることはたやすいでしょう。マジョリティの意見に沿っている

からです。

しかし、生活保護の不正受給が発覚し、生活保護という制度そのものにバッシングが起きているときはどうでしょう。

「でも、やはり貧しい人たちは気の毒だし、助けてあげる制度が必要」

「うつ病で生活がままならない人もいる」

などと堂々と主張するのは困難です。要するに、マジョリティに沿っていない限り、正しいと思っても口にしづらい状況があるのです。

マジョリティの動向にかかわりなく、正しいことを正しい、間違っていることを間違っていると自分の考えを主張できる力をつけてあげるのは親の役割です。

もちろん、言いたいからといって、相手を見下す言葉や差別的な言動は慎むべきです。その使い分けも含めて、きちんと教える必要があります。

「言いたいことを言うのと、相手を傷つけることは違うよ」

「言われて嫌なことはできるだけ言わないほうがいいけど、みんなに合わせて黙っているより、言いたいことは言うべきだよ」

などと、普段から伝えていくようにしましょう。

子どもが嘘をつくとき

本当のこと話してくれてありがとう

人が一つの嘘をつくと、嘘をつき続けるために、別の嘘をつくという悪循環が起きます。子どもの嘘も、放っておくと大きなトラブルに発展しかねないので、必ずやめさせる必要があります。

嘘をつくと、結局は損をする。絶対に嘘をついてはいけない。こう教えておくようにしましょう。「親に嘘をついても必ずばれる」「嘘をつくのはやめよう」と思わせることが大切です。

子どもの様子を見ていれば、嘘をついているかどうかはだいたいわかるはず。嘘が発覚したときには、やめさせます。ここで重要なのが、正直に嘘を告白したときには、きちんと評価するということです。

アメリカ合衆国初代大統領ジョージ・ワシントンには、有名な桜の木の逸話があります。少年時代のワシントンが、父親が大切にしていた桜の木を切ったことを正直に告白。その結果、父親に正直さを褒められたという話です。

逸話は脚色であるという説はともかく、ポイントは〝人間の正直さを重視する〟ところにあります。アドラーも人間の正直さを重視しています。

たとえば、子どもが「宿題をやった」と嘘をついて遊びに行ってしまった。帰宅後に問い詰めたところ、正直に「宿題をやっていなかった」と告白したとしましょう。

「どうして嘘をついたの？」

「いつも嘘をついてばかりじゃない」

このように、嘘を認めた瞬間に一方的に叱ると、子どもは萎縮してしまい、正直に話そうとする気持ちを失います。せっかく正直さを見せたのに、嘘をついたところだけを見て叱り続けると、ふたたび嘘つきに戻るだけです。

嘘をついた子どもが、嘘を正直に告白した。これは、人としてよりよい方向へ進んだということです。事の善悪は別として、まずは「正直になった」というところに着目して、きちんと評価してあげるべきです。

そのうえで、「本当のことを言ってくれたのは嬉しいけど、二度と嘘をついてはいけないよ」と、次に嘘をつかないように導いていくとよいでしょう。

子どもが自信を持つ瞬間

○○してくれてありがとう

精神分析学には「投影」という概念があります。

簡単にいえば、自分自身のことをダメだと思うと、ついつい「自分はみんなの役に立っていない」「自分には生きる価値がない」と思ってしまう。そこから、まわりの人たちが敵に見えて怖く感じるようになるということです。

自分が役立っていると思えない限り、人は周囲の人を敵視する傾向があります。子どもが対人関係でつまずくのも、実はここに原因があります。

子どもは自分が他者に貢献していると感じられたとき、自分に価値があると感じることができます。他者に貢献することで、友好な対人関係を結べるようにもなります。

ここで重要となるのは、親子関係の中で子どもの貢献に着目し、積極的に評価してあげることです。

「貢献」といっても、あまり大きく考えなくても大丈夫です。たとえば図画を共同制作したことでも、運動会の騎馬戦で騎馬の「足」として頑張ったことでもいいので、「みんなのためによくやったね」などと声をかけるとよいでしょう。ささいな出来事でも「自分は役に立っている」と思わせればよいのです。

家庭内では、お手伝いなどの貢献について「○○してくれてありがとう」と感謝の言葉をかけていくのが一番です。

私の子どもはそうでもありませんでしたが、料理をしたがったり、洗濯物干しを手伝ったりしようとする子もいます。子どもが大人の真似をしたがるのは「発達欲求」があるからです。そんなとき「かえって汚くなるからやめて」などと言うと、子どもは否定された気分になります。

貢献したいという意欲は、喜んで受け入れてあげましょう。

ところで、子どもは料理をしたいのに、洗濯をお願いしたいというときがあります。この場合は、「今は洗濯を手伝ってもらったほうが嬉しいな」と言ってかまいません。

大人の社会でも、需要と供給によって雇用が成り立っています。やりたい仕事ばかりできるわけがないということを、きちんと理解させておくのも大切です。

自分に価値があると実感できれば、子どもは進んで働いてくれるものです。

「表現力」を家庭で鍛える方法

欲しい物があったらプレゼンしてみて

これからの子どもに必要とされるスキルの一つがプレゼンテーション能力です。

自分の考えを恥ずかしがらずに言葉にして、明確に伝える能力を身につけるということです。

こういったスキルは自然に身につくものだと思うかもしれませんが、違います。

実は、**「表現力」はトレーニングしだいでいくらでも伸ばすことは可能**です。

アメリカの小学校では「ショー・アンド・テル（show and tell）」という授業があります。自分が宝物にしているおもちゃなどを自宅から持ってきて、クラスのみんなの前で「ここが素晴らしい」「○○があるから好きだ」などと説明するのです。

アメリカ人にスピーチ力やプレゼン力があるように見えるのは、こうした訓練を幼いうちから積んでいるからです。結局は子どものころからの経験が得意不得意を分けているだけです。

もちろん日本の家庭でもプレゼンのトレーニングは可能です。テレビを見たり本を読んだりしてどんな感想を持ったのか、両親の前で話す習慣をつけるのもよいでしょう。内容を否定せずに耳を傾けていれば、子どもは表現することに自信を持つようになります。

何か欲しいものがあるとき、両親に対して要望があるときにもプレゼンテーションさせるのはよいと思います。

自分がどうしてほしいのか、その根拠となるものもきちんと説明して説得するようにさせます。その経験を通じて、今何が課題となっているのか、それをどうやって解決するのか、解決することでどうなるのかというストーリーで説得する力が身についてきます。

今後、大学入学試験に面接や小論文、集団討論、プレゼンテーションなどを課されるケースが増える可能性もあります。子どもの学力をはかる基準も、知識や技能から思考力、表現力などへと移行しつつあります。

表現する力は、子どもが社会を生き抜いていくための大きな武器になるのです。

他人の痛みを「想像できる子」になる

どんな人も、社会の役に立っているよ

今の世の中では、たとえば生活保護を受給している人を存在価値がないかのようにバッシングする風潮があります。また、働かない人やニートは穀潰《ごくつぶ》しであるという主張も根強く展開されています。

こういう意見を子どもが繰り返し耳にしていると、「世の中は怖いものである」という恐怖感が増殖されます。確かに世の中が厳しいという事実は教える必要がありますが、「生きる価値がない人がいる」と教えるのとは違います。

子どもの共同体感覚を育むには、子どもにとって「世の中が怖いものではない」と思わせる必要があります。

私にいわせれば、生活保護受給者もきちんと消費をしているのですから、経済に一定の貢献をしていると評価できます。

要するに、**市民社会においては、すべての人が何らかの役に立っているのです**。

それに比較すれば、東京オリンピック・パラリンピックに約1兆5000億円を投じたところで、どの程度人件費に回り、経済を活性化させたのかは疑問です。「公共事業」という観点からいえば、生活保護のほうがはるかに機能しているのではないでしょうか。

勉強ができるから生きる価値がある、勉強ができなければ生きる価値がないというメッセージを受けとると、子どもは生きることに恐怖を感じるようになります。

そうではなくて、無条件の愛を与えるべきです。「生きているだけで価値がある」と実感できている子のほうが、勇気を持ってもっと別の世界に行きたいとチャレンジできるようになります。

医師や弁護士もいれば、清掃員や介護従事者などもいることで、私たちは初めて安心して暮らすことができています。

そのなかで、不幸にして働くことができなくなった人がいれば、「この人たちもこれまで一生懸命働いてきたのに、病気しちゃって大変だね」「どんな人もちゃんと消費しているんだから、国の経済のために役に立っているんだよ」と言うことが、ひいては子どもの勇気づけにつながるのではないでしょうか。

本物のリーダーシップのある子

あなたは、どう思う？

親が子どもに価値観を押しつけていると、子どもは自我を育てる機会を持てなくなります。

その状態で成長していくと、子どもは**学校や友人たちのグループのなかで親の代わりとなるリーダーを求め、リーダーに従うことに安心感を持つ**ようになります。これでは社会人になってから職場でリーダーシップを求められてもうまくいかないのは当然です。

子どものリーダーシップを育てるには、子ども自身に意見を言わせて、自分の意見に責任を持つようにしていく必要があります。

「家のなかの、ちょっとしたことについて彼女の意見を求め、彼女を大人として扱い、責任を引き受け、優しくあることで重んじられるということを感じさせなさい」

アドラーは、このように述べています。

「今度の夏休みはどこに行きたいと思う？」
「どうしてそこに行きたいの？」
「電車で行くのと飛行機で行くの、どっちがいいと思う？」

なにげなく親が決めて一方的に子どもに従わせていたようなことでも、子どもを対等な立場として扱い、意見を言わせるようにするのです。

子どもの意見がとうてい受け入れられないようなものであっても、頭ごなしに否定せずに、どうしてその意見が難しいのかを丁寧に説明していきます。

子どもの意見が採用されたならば、その後の行動もフォローするように伝えます。

「それじゃあ、旅行の日程を考えてみて」
「どの時間の電車に乗ればいいのか調べてよ」

などと役割を与えるのです。

子どもは子どもなりにどうすれば家族が喜ぶのかを考え、それを実行に移します。その経験が、「**他者の気持ちを読む**」**という、リーダーに必要な能力を磨いていく**のです。

あるいは、普段から家族の一員として「ポストから新聞をとってくる」「ゴミ出しをする」「風呂掃除をする」などの仕事をまかせて、責任感を与えるのも効果的です。

テレビとの正しい付き合い方

テレビが正しいことを言っているわけじゃないよ

親が子どもに対して対等に会話をすると、子どもも親の話に興味を持って耳を傾けるようになります。

私も、子どもを子ども扱いせず、多少高度な話であっても自分の考えを伝えるようにしていました。

このスタンスに逆行しているのが日本のテレビだと、私は思います。**今の日本のテレビは視聴者を子ども扱いしています**。私があるテレビ番組に出演したときに、ディレクターからことあるごとに次のようなことを言われました。

「中卒の人にもわかるように話してくださいね」

要するにわかりやすさを求めているのでしょうが、あまりにも視聴者をなめています。

なんらかの事情で高校に進学せず、中学卒業という学歴の人も、おそらくほとんどの人が新聞の記事を理解できるはずです。それなのに、テレビでは新聞とは比較にならないくらい物事を単純化して情報を伝えています。

何か重大な犯罪が起これば「よくないですね」、災害が起これば「気の毒ですね」くらいのコメントしか出せない。これでは理性的に判断するどころか、ただの感情の増幅装置でしかありません。

テレビニュースなどの情報は、すべてが正しいとは限りません。テレビの情報にまどわされず、情報に接する力が親には求められます。

「○○テレビと××テレビでは、言っていることが違っているね」

「あの政治家の人は、選挙の前と選挙の後で考え方を変えたね」

「だから、テレビが正しいことを言っているわけじゃないよ」

このように情報を判断するためのブリッジをかけてあげることで、子どもは自分で本当のことを知りたい、考えたいという気持ちを持つようになります。

わからないことは、テレビ以外の媒体で調べて深掘りする習慣がつくようになれば理想的です。

この習慣は、子どもが勉強の内容を理解していくうえでも確実に役立つのです。

学校の先生を「信じすぎない」校風

先生の言うことが正しいとは限らないよ

アドラーは、周囲の評価に合わせた人間になることではなく、自分の信じる道を進むことを重視する人間観の持ち主でした。

これは子育てにおいても同じです。学校や周囲の大人の価値観や評価基準に合わせることは、子育ての本質とは異なります。大切なのは、子ども自身が望む道に進めるようにサポートしていくことです。

日本の教育現場では、価値観の押しつけが随所に見られます。

スポーツライターの玉木正之氏は、日本の学校が長年にわたってスポーツを教育として考え、人格形成の機会として利用してきたことを指摘しています。要するに、日本は体育がある種の押しつけになっているため、スポーツ嫌いを増やしてきた。だから、スポーツを体育と切り離し、欧米のように地域のクラブがスポーツを担っていくべきと主張しているわけです。もっともな意見だと思います。

私の子ども時代から、特に体育の教師は、運動の能力と人格を同一視する傾向がありました。運動ができない子の人間性を否定し、バカにしていたのです。

価値観を押しつけたところで、子どもが運動好きになるわけがありません。本当に重要なのは、運動を好きにさせることであり、そのためのやり方を教えることにあるはずです。子どもが学校の価値観に押しつぶされるのを防ぐためにも、親は適切な声をかける必要があります。幸いなことに、私の母親は、教師よりも絶対的に子どもを信じる姿勢が徹底していました。

「先生の言うことが正しいとは限らないよ」

「逆上がりができないのは先生の教え方が悪いということだよ」

学校でバカにされ、うちひしがれていた私が、そう言われたことでどれだけ救われたでしょうか。

灘高に進学して最もよかったのは、「学校の先生を信じない」という校風でした。

「東大も出ていない先生の言うことを聞いても東大には入れない」

同級生たちはそう言って自分なりに勉強のやり方を身につけていました。多少生意気だったかもしれませんが、確実に自主性を養えたと実感しています。

「待てる子ども」が将来伸びる

あとで聞くね

仕事や家事などで忙しく、親が子どもの話にゆっくり耳を傾けることができない。こういった状況は、現実に頻繁に起こりえます。

しかしながら子どもがささいなことで延々と話しかけてきたとき、親が「もういいかげんにしなさい」と突き放してしまうのは問題があります。やはり可能な限り、子どもの相手をしてあげるべきです。時間的な余裕があれば子どもの相手になってあげるようにして、どうしても時間的な余裕がないときには「今手が離せないから、あとで聞くね」と言ってしまってかまいません。

子どもは親に待たされることによって、忍耐強く待つということの訓練をするようになります。

1960年代のアメリカで、「マシュマロテスト」という有名な心理学の実験が行われました。4歳の子どもにマシュマロ1個を見せて、「このマシュマロを今、食べてもいいよ。だけど、先生が出かけてから帰ってくるまでの15分間、食べずに待つことができたらマシュマロを2個あげるよ」と言って、子どもを1人にします。

子どもの様子を観察したところ、およそ7割の子は我慢できずにマシュマロを食べましたが、約3割の子は我慢できたそうです。さらに、実験から15年以上あとに追跡調査をしたところ、**我慢できた子は大学進学適性試験の成績がよかった**という結果が出たというのです。

これは強い自制心を持つ人は、学力も高いということを表しています。

ですから、子どもには自制心を持って我慢するトレーニングを積ませるべきです。

「待つ」というのは、その一つです。

ただし、重要なポイントがあります。それは親が約束を破ってはいけないということです。親が「今、手を離せないから、あとで聞くね」と言って子どもを待たせたときには、必ず約束を守らなければなりません。

親が約束を破ると、子どもの忍耐力が育たないだけでなく、親に対する信頼も失われてしまいます。「あとで聞くね」と言ったときは、「今、手が空いたから、さっきの話を聞かせて」と声をかけるのを忘れないようにしましょう。

上手に人間関係を築く

○○君のいいところはどんなところ？

「他の人を助け、他の人から助けられる訓練を受けてこなければ、われわれは人生にうまく立ち向かう方法を学ばないだろう」

アドラーは、他者に関心を持つことの重要性をこのように語っています。

共同体感覚は訓練することで高めることが可能です。相手の関心に関心を持って、お互いに協力する経験を積むことで、人は社会に必要とされる人間へと成長していきます。

たとえば、アドラーは医師になりたいという少年に対して、他者に関心を持たなければならないと説いています。患者が何を欲しているかを理解できるようになるためです。医者として優れた治療を行うにあたっては、技術よりもまず患者との人間関係を作る必要があるということです。

これは何も医者だけに限ったことではありません。およそ子どもが将来就く職業は、顧客や上司、同僚などとの人間関係を抜きには考えられないはずです。

子どもが上手に人間関係を作っていくために親ができるのは、まず親が子どもに対して甘えさせてあげることです。親に甘える経験を通じて、子どもは友だちに甘えられるようになります。そして、ただ友だちに甘えるだけでなく、友だちから甘えられるだけの力を身につけるようになります。

これによって、相手の関心に関心を持ち、相手を理解するという共感能力が高まっていくというわけです。子どもが友だちに関心を持つように、親が日常会話のなかで、友だちについて考えるサポートをしていくのは有効だと思います。

そして、次にできることは、優秀な友人が得られるような環境を与えてあげることです。受験をさせて優秀な学校に入学させるのも一つの方法でしょうし、塾や習い事でネットワークを作る方法もあります。

友だちが少ないからといって、過度に心配する必要はありません。たくさんの友人関係をつなぎとめるために1日中スマホに気をとられ、勉強が後回しになったのでは意味がありません。それよりも、相談に乗ったり乗られたりするような親友を作るほうがよほど有意義なのです。

親の姿勢が試されるとき

どうすればいいか、一緒に考えようか

子どもが勉強をしない、宿題をやらない、友だちと仲良くできないというのは、あくまでも子ども自身の課題です。

勉強しないことの弊害は、最終的に子ども自身に降りかかります。

だからこそ、私の母親は私に向かって「勉強しなくて困るのはお前だよ」と繰り返し語ったわけです。

にもかかわらず、**多くの親は子どもの課題に介入して解決を図ろうとします。これが親子関係をこじらせる原因の一つになる**のです。

基本的に子どもの課題と親の課題は分けて考えるべきです。

「勉強をしないのは子どもの課題」「仕事でうまくいかないのは親の課題」などと、課題を分ける習慣をつけましょう。

そうすることで、子どもの自立心を奪ったり、親のイライラを子どもにぶつけたりす

ることを回避できます。

ただし、「子どもの課題」「親の課題」に分ける以外の道があります。「共同の課題」を持つという道です。

「勉強ができないのだけど、教えてくれない？」と子どもから相談を持ちかけられたとき、子どもの課題は共同の課題へと変化します。そのとき初めて「どうすればいいか、一緒に考えようか」と手をさしのべればよいのです。

あるいは「勉強しなかったらどうなると思う？」と問いかけて、子どもの課題を親が共有するのも一つの方法です。

もちろん、子どもが共同の課題にしようと思わない限り、親が共同の課題にすることはできません。

相談を受けたときには、対等な立場で一緒に問題を考えていきましょう。親が一方的に答えを出そうとせず、子どもの意見を尊重するのも重要なポイントです。

この姿勢が、次に何か課題が生じたときに親に相談しようと思えるような信頼関係を生み出すのです。

第5章

子どもの「劣等感」にどう向き合うか

子どもの「劣等感」をチャンスに変える言葉かけ

子どもは、まわりの子と比較して自分が劣っている能力や資質に気づき、落ち込んだり、恥ずかしいと感じたりします。

大人から見るとほんのささいなことであっても、子どもは大きなダメージを抱えてしまうものです。

劣等感それ自体は、誰しもが持つものです。
決して否定すべきものではありません。

重要なのは、劣等感を、自分を成長させるための力にできるかどうか。
それが、子どもの将来を大きく左右します。

子どもが劣等感を持ったときには、それを頭ごなしに否定しないでください。
負けている分野ばかり見ていても仕方がありません。何かに負けたからといって、全人格まで否定されるわけではないのです。

取るべき選択肢ははっきりしています。

どんな分野なら勝てそうなのか

どうすれば勝てるのか

を考えて、実行すればよいのです。

とにかく「勝つ経験」を一度でもいいから持たせるようにすべきです。

勝った経験を持った子の心には自信が芽生えます。

劣等感と上手に付き合いながらも、前向きに競争で勝つための努力を始めるようになります。

この章では、劣等感をバネにできるような子どものメンタリティをいかにして養うかについて述べていきたいと思います。

――そのためにも親は、子どもが劣等感を持つことに臆病になっていてはいけません。

「新しいやり方」を試す力

勉強のやり方を変えてみようか

灘中に合格した私は、そこで満足してしまい、勉強をしなくなった結果、急速に落ちこぼれへと転落してしまいました。成績は、高校になっても低迷したままでした。数学が苦手だったため、演習の時間は苦痛そのものでした。

そんなとき、クラスメイトの1人が、優等生の数学のノートを編集してコピーしたものを「参考書」として販売しました。

一も二もなく飛びついた私は、その参考書を読みながら、問題を解いて解答を引き出す解法を丸暗記していきました。

するとどうでしょう。それまでお手上げ状態だった数学の問題が、手に取るようにわかってきました。そうやって**解法パターンをたくさん暗記した結果、数学の成績は急上昇した**のです。

後年、私はこのテクニックを「暗記数学」と名づけ、弟や友人たちに教えていきました。例外なく成果を上げたこの方法は、今もって受験指導等の通信教育で教えている手法でもあります。

私が数学の成績を上げたのは、思い切って「新しいやり方」を取り入れたからです。思い切って、一つの方法を試してみる。ダメだったら、別の方法を見つけて試してみる。これを繰り返していけば、必ずベストの方法が見つかります。

子どもも大人も、新しいやり方を試すのは勇気がいります。経験が少ない子どもほど、失敗を怖れるのは当然です。

アドラーは勇気を持って一歩踏み出すことが大切だと言っています。彼自身が、人を後押しするような雰囲気を持っていたのでしょう。

苦手な教科があったとき、勉強時間を増やしただけではうまくいかないこともめずらしくありません。この場合は、やり方に何らかの問題があるわけですから、思い切ってやり方を変えてみるべきです。

「別のやり方を試してみようか」などと、親が子どもの状況を見て、適切なタイミングでアドバイスしてあげるのもよいと思います。

いろいろなやり方を試す力は、社会に出てからも重要となります。

「頭が悪い子」は、いない

先生の教え方が悪いだけだよ

私は以前、ある子ども向けのスポーツクラブを取材したことがあります。

そのスポーツクラブでは、学校では逆上がりができなかった子を指導し、全員をできるようにしているといいます。

逆上がりができる・できないは、あくまでも「教え方しだい」。ですから、万が一指導を受けた子が逆上がりできなかった場合は指導者に問題があるとされ、解雇もありうるといいます。

同様の施設では、逆上がりができなかった場合は受講料を返金するところもあるそうです。生活がかかっているわけですから、指導者はみんな必死で子どもたちに逆上がりを教えているのです。

教え方が重要であって、才能や素質は関係ない――実は、これは勉強においてもまったく同じです。

子どもが勉強できなかったとき、最悪なのは親自身が「うちの子は頭が悪い」と思ったり、それを子どもに対して口にしてしまったりすることです。

絶対的に大切なのは、子どもに対して「自分に才能がないから勉強できないのではなく、先生の教え方が悪いからたまたま成績が上がっていないだけだ」と思わせることです。

そのために必要なのは、言葉と成功体験の2つです。

「先生の教え方が悪いだけで、あなたは本当は勉強できるはずだよ」と言うのは当然ですが、それだけでは不十分です。

「学校で教えてもらったのとは別のやり方で教えてもらったらできた」という成功体験を味わわせる必要があります。

親が教材を買ってきて子どもの勉強を見てあげるのもいいでしょうし、家庭教師をつけて勉強を教えてもらうのでもかまいません。買ってきた参考書でうまくいかなかったら、別の参考書を試してみればよいのです。

とにかく、「できた」という経験を一度でも得たならば、「やり方が悪かっただけで、自分は勉強できる」と自信を持つことができます。

「勝つ経験」は積極性を生む

あなたは○○に関してはホントにすごいね

子どもが社会のなかで強く生きていくために何が必要か。それは、「自分が生きているだけでもいい」という絶対的な自信を持つことです。

一つでも取り柄があれば、子どもは自信を持ちます。電化製品に詳しい、お菓子作りが上手、ダンスが得意……。取り柄は、どんな内容でもよいのです。

親は自分の子どもを見るとき「勉強ができるかできないか」にウエイトを置いているので、勉強に消極的な様子を見ると焦ります。そして、**勉強以外に夢中になっている対象を「勉強ができない原因」とみなしがち**です。

その結果、「勉強ができるまでは、お菓子を作ってはダメ」などと、子どもの取り柄を奪おうとするのです。

しかし、この方法では子どもの自信は損なわれていくだけです。

アドラーは、勉強ができる人も、料理が上手な人も対等に扱う人間観を持っていました。

ですから、アドラーの考え方に基づけば、「負ける子どもが可哀想だから、徒競走では手をつないでゴールする」方法は望ましいものではありません。

人は優越性の追求を目指しているから、徒競走で一番になろうと努力することは大切。とはいえ、競争のベクトルは徒競走だけではない。もっと競争のベクトルを増やせばいい、どのベクトルで一番になってもいいと考えるわけです。

子どもは、何かで「まわりの子に勝った」という体験をすると、自分に自信を持つようになります。一芸に秀でている子ほど、劣等感を持たずに前向きに生きていくことができるのです。

その意味では、勉強で絶対勝つ必要性も、お金持ちになる必要性もありません。

ただ、勉強に対して前向きになるためには、まずは「何かで勝った」という実感を持たせるのが一番です。

一つのことで「勝っている」と思えるからこそ、生きることに自信を持ち、他のことにも積極的になれるというわけです。

偏愛の危険性と「魅力」

お姉ちゃんより、できたね！

「もしも家族の中に傑出した能力のある子どもがいれば、その次の子どもには、しばしば、問題行動がある。第二子が、より友好的で魅力的であるということもよくある。そこで、兄は愛情を奪われた、と感じる。このような子どもたちが、思い違いをして、自分が無視されているという感じにとらわれるのはたやすい」

アドラーは、特定の子どもを偏愛することの危険性を指摘しています。

アドラーの理論を援用し、現代精神分析学に大きな影響を与えたハインツ・コフートも同様のことを記述していました。

親がきょうだいのうち1人を愛することで、結果的に他のきょうだいが愛されていないことにつながるのだとしたら、その子どもは問題行動を起こす可能性があります。

「お姉ちゃんはできたんだけどな……」

という親の発言は、アドラーから見れば避けるべきといえます。

ただ、私自身は比較すること自体は、断じて悪いとは考えていません。比較されることで発奮するタイプの子もいるからです。

「お姉ちゃんに負けるな」「お姉ちゃんにできたんだから、あなたにもできる」とハッパをかけるのは、ときに有効な手段ではないでしょうか。

よくないのは、あくまでも本人を否定することです。

「お姉ちゃんはできるのに、なんであなたはできないの！」

という言葉は、叱咤激励のつもりであっても、子どもは勉強しようとする気にはなりません。姉よりも勉強で劣っているのは、本人だって十分に自覚しています。そこで否定的な言葉をかけられても、ただ子どもの自己愛を傷つけるだけです。できなかったことを責めるべきではないのです。

姉よりも点数がよかったときにだけ、

「お姉ちゃんより、できたね！」

と**こっそり本人に言ってあげればよい**のです。

そうすれば、もっとできるようになろうとして、自分から机に向かうようになるはずです。

「本来の目的」を思い出させる

足が遅くても問題ないよ

日本にはアドラーと同じような考え方でもって独自の神経症治療を行った人物がいました。森田正馬《まさたけ》（1874―1938）という精神科医です。偶然にもアドラーと森田は、ほぼ同時代を生きました。もちろんお互いを認識していたわけではありませんが、洋の東西で同じような治療を行ってきたことに興味を覚えずにはいられません。

森田は「目的本位」を中心とした治療を行いました。

具体的には、ある症状に悩んでいる患者が持っている〝本来の目的〟を見つけ出し、その解決を考えていくというものです。

たとえば、「人前に出ると顔が赤くなるのがイヤだ」と赤面症に悩んでいる人がいるとします。その人に「どうして顔が赤いのがイヤなの？」と聞くと「人に嫌われるから」「人付き合いをよくしたいから」と答えました。

要するに、この患者の目標（これを森田は「生の欲望」といいました）は、「人に好かれたい」ということです。

それならば、**顔が赤いのを治すことに注力するのではなく、顔が赤いままでも好かれる方法を考えていくほうがよい**というのが森田療法の考え方です。

重要なのは劣等感の原因となっているものを変えようとするよりも、本来の目的に目を向けて、成功に向けて努力していくことです。

仮に子どもが足が遅いことに悩んでいたとしましょう。その劣等感の背景には「友だちにバカにされたくない」「友だちから評価されたい」という目的があるかもしれません。

こういったときには、目的に向けて努力する方向に導いていく必要があります。

「足が遅くても問題ないよ。足が遅いままでも、みんなから好かれる方法はあるはずだよ」

「算数で1番になれば、みんなに認めてもらえるかもしれないよ」

などと、〝勝てる分野〟でいかに勝たせていくかを考えてください。

アドラーの言い方にならえば、優越性の追求に向かわせることで劣等感を補償していくということです。

子どもの「不安の耐性」を高める方法

（よくないことがあっても）大丈夫だよ

「テストで悪い点をとった」
「友だちにからかわれた」
「授業中にうまく発言できなかった」
親から見れば、ささいに思えることでも、子どもは簡単に傷つき、不安を感じることがあります。

そんなとき、親が一緒になって不安がっていると、子どものなかでその出来事が必要以上に大ごとになります。

ですから、親は子どもの不安に対して冷静でいる必要があります。親が冷静でいれば、子どもの不安は払拭されます。

そして、**親が冷静であることは、子どもの「不安の耐性」を高めます**。要するに不安に強くなるということです。

アドラーは、次のように言います。

「不安は決して有用ではない。もしもわれわれが冷静であれば、（子どもは）真の危険と困難によりよく直面できるだろう」

「自分は強い人間に守られている」と感じている人間は、勇気を持っていろいろなことに挑戦することができます。

たとえば、世の中にはある特定の宗教を信じることで思い切って事業を展開することができた人や、占い師の助言を信じて勇気を出して異性にプロポーズした結果、成功する人もいます。

宗教や占いを全面的に肯定するわけではありませんが、結果的に見て、どんな手段であれ勇気を得て行動している人のほうが、何かにチャレンジして成功する確率が高いのは事実です。

「物事に動じないお父さんがいてくれるから、私もちょっとくらいのことでは、へこたれない」

「お母さんが大丈夫と言っているから、問題ない」

親の姿勢が、そう思えるような子どもを作っていくのです。

親が安定していると子も安心する

あとで合格すればいいんだよ

中学受験は、子どもの長い人生のなかでは、ごく初期の通過点にすぎません。これから高校進学や大学進学、就職など大きな関門をいくつも経験することになるわけですから、中学受験で燃え尽きないようにする必要があります。

実は私と母親も、燃え尽き症候群におちいって失敗した過去があります。

「中学受験さえクリアすれば、あとはラクができる」と思ってしまったせいで、あっという間に成績が下がり、気がつけば落ちこぼれになっていたのです。

私の場合は、中学受験のために毎日3時間程度は勉強していたのですが、中学入学後はほとんど勉強しなくなりました。一度勉強のペースをゆるめてしまうと、もう一度勉強時間を増やすのは非常に困難となります。

たとえ中学受験に合格しても、それはゴールではないと自覚しておきましょう。

中学受験で維持していた勉強時間は、基本的に入学後も継続していくべきです。「合格したからといって油断は禁物だ」「まだまだ子どもの人生は続く」と肝に銘じながら取り組んでいただきたいと思います。

一方、子どもが受験に失敗したときには、まず精神的なフォローを行う必要があります。子どもにとって不合格は精神的なダメージを伴う出来事です。なかには人生を絶望視するケースもあるでしょう。私の弟も中学受験に失敗して非常に落ち込んでいたのを覚えています。

フォローにあたっては、親が落ち着いていることが肝心です。そのうえで、今できる限りの善後策を考えます。現時点で合格できる可能性のある上位校への進学へと目標を切り替えるのです。

中学受験で目標の学校に行けなくても、大学受験で逆転することは十分可能です。現に、中学受験に失敗した子が東大に入学したケースもたくさんあります。

「6年後に東大に入れればいいじゃない」

「頑張って、合格した人を見返そうよ」

など、どんな状況でも子どもの味方であるという姿勢を見せ続ければ、子どもも少しずつ気持ちを切り替えることができるはずです。

建て前でなく、親の「本音」を伝える

こんな人、バカでカッコ悪いよね

子どもにとって「カッコいいかどうか」は大きな判断基準の一つです。カッコいいと思うからこそ、サッカー選手や弁護士などにあこがれを持つようになるわけです。

その意味では、「勉強ができる人はカッコいい」「勉強しない人はカッコ悪い」という価値観を教えることにも大きな意義があります。

勉強ができない友だちをバカにしたり無視したりするのは問題がありますが、世間的に偉いとみなされている人であっても、勉強しない人＝カッコ悪い人はたくさんいると教えてあげることは、子どもが自分で判断する力を養うことにつながるのではないでしょうか。

私自身は、**テレビタレントや政治家などが良識のかけらもない態度や他人を傷つけて笑うような姿を見せたとき、さらに正義にもとる発言をしたときには、子どもの前で、徹底的に批判するようにしていました。**

「大人になっても、こんなに教養がなくて、ものを知らないのはカッコ悪いね」

「こういう人たちが自分の上司だったらどう思う？　たとえば医者だったときに診察してほしいと思う？」

「この政治家は賢そうに見えるけど、『この道しかない！』と言っているね。2つ以上の可能性を考えられないのは、政治家として問題があると思うな」

アドラーは差別的な言動を推奨していないものの、自分が正しいと思ったことは臆せずに批判するべきであると言いました。

このように、バカなことを言う人は徹底的にバカにするという方針で声をかけていると、子どもは「バカになると、人からバカにされる」という思いから勉強に取り組むようになります。

「人をバカにしてはいけない」というのは建て前であって、現実の社会では当然のようにバカなことを言う人はバカにされています。

アメリカのように差別問題にナーバスな国でも、能力による差別だけは許容されています。このような事実を直視して「バカは将来困る」と本音で言えるのは、親しかいないのです。

視野のせまい子は、こうしてできる

他の子からどう思われても気にしなくていいよ

アドラーは、人間は優越性を追求する存在であると考えており、優越性の追求が大事であると言っています。具体的にいえば、まわりの子どもに対して勉強で勝ちたいという意欲を持つことが大事だということです。

競争に勝って優越性を持とうとするとき、自覚しておくべきなのは、競争に勝つと負けた相手からは嫌われるということです。

競争に勝ったとき、相手に不快感を与えることは避けようがありません。アドラー流にいえば、負けたほうは劣等感を抱くことになるからです。

したがって、人に嫌われたくないと思っている限り、人に勝つことはできなくなります。勉強で競争するときは、他の子からどう思われるかをいちいち気にする必要はありません。これを親としても子どもに伝えてあげるとよいでしょう。

ただし、「他人の目を気にしない」ということと「他人の存在をないものにする」というのはまったくの別物です。今の日本社会は、エリートと非エリートが明確に分断される世の中になってきています。私が子どものころは、同じような学力を持ち、同じように公教育を受けて勉強をしている子どもたちのなかでも、たまたま家庭が貧乏であるがゆえに大学に進学できないという事情が明確な子が一定数存在しました。

こうした子は学歴は低くても知的レベルは非常に高く、社会人になっても一定の地位や名誉を確保することができました。有名人でいえば、作家の松本清張さんや佐木隆三さんをイメージしていただければわかりやすいでしょうか。

しかし、現在では受験を経て私立中学に入学した子と、公立中学で学ぶ子との接点がほとんどありません。そのため、幼いころから猛勉強をしてきた受験組は、進学や就職で苦戦する公立組を「自業自得だ」「怠け者なんだからしかたがない」などと見下すようになりがちです。

これは同世代の人間に対する想像力の欠如であり、看過できない問題だといえます。

親は、こういった子どもの偏見に対しては毅然とした態度で、「あなたはたまたま恵まれただけかもしれないよ」「進学できない人にもそれなりの事情があるかもしれないよ」「社会の不公平は改善しないといけないね」などと伝えなければなりません。

第6章

子どもが失敗したときに効果的な言葉

子どもが失敗したとき、親は何ができるか

子どものためを思うからこそ叱る――どんな親だってそう考えて叱っているはずです。しかし、叱ることの多くが効果をもたらさないばかりか、逆に子どもの成長意欲を奪ってしまうのはどうしてなのでしょうか。

一度や二度失敗したところで、命まで奪われるわけではありません。
むしろ、人は失敗経験から多くを学ぶことができます。

子どもが失敗する様を、口を出さずに静かに見届ける。

それくらいの余裕と覚悟を持ってください。
大切なのは、失敗したときに落ち込んでしまわないように、次は勝てるようにサポートすることです。

どうすれば次はうまくいくか？

勝つために何が必要か？

子どもと一緒に真剣に考えてみましょう。

子ども自身がベストの解決策を見つけ出してくれるかもしれません。

また、親自身が子育ての判断を誤ることもあります。誤りを認めたくないがために、子どもを非難するようなことがあってはなりません。誤りがあったのなら、子どもに対して誤りを認めるべきです。そして誤りを改めて、新たに出直せばよいだけです。

この章では、子どもを叱りたい状況に直面したときに、どのように声をかけていくべきかを考えます。

——叱るというのは一つの選択肢です。

しかし、叱るばかりが答えではありません。

失敗は必ず「糧」になる

次、頑張ろう

どんなに優秀な子どもでも、テストの点数が悪いときもあります。友だちに負けて悔しい思いをすることもあるでしょう。

そんなときに、親が追い打ちをかけるように叱責したらどうなるでしょうか。きっとやる気を失い、立ち直るのに時間がかかってしまうに違いありません。

子どもが十分に落ち込んでいるとき、反省の色を見せているときには、あえて叱るべきではありません。

「くよくよしていても仕方がないから、次は頑張りなさい」

「次のテストでは見返してやりなさい」

などと前向きに導いてあげるようにしましょう。次の目的に向かって動機づけをしていくのです。

人生は、いつでも逆転することができます。

たとえばケンタッキーフライドチキンの創業者であるカーネル・サンダースは、職を転々としたあと65歳のときに、この事業を起業して成功させたという有名な逸話の持ち主です。

特に子どもは大きな逆転の可能性を秘めています。

有名中学や有名高校に入学したにもかかわらず、東大や有名私立に入学できない子がいます。一方で、中学受験に失敗しても、地道に受験勉強に励んだ結果、東大に合格する子もいます。

人は失敗経験から学ぶことができます。同じ失敗を繰り返さないようにもなりますし、失敗を糧に、よりよい勉強法を見つけ出せるかもしれません。

一度挫折したときに意気消沈してしまうのではなく、「次こそは勝つぞ」という負けん気の強さを持つ子に育てることがとても大切です。

ただし、点数が悪いのにまったく反省がなかったり、テレビを見続けていたりしたときには話が別です。

「悪い点数を取ったこと自体は問題ないよ。でも、次はいい点を取るように努力しよう」と厳しく諭すべきでしょう。

親が誤りを認める価値

ママが間違っていたよ

アドラーがカウンセリングを行った親子に、こんなケースがあります。

親子は母と娘の二人暮らし。娘は養父母のもとで育てられたあと、実母と一緒に暮らすようになりました。当初こそ、母娘仲良く暮らしていたのですが、娘の成績が下がってくると、母の態度は硬化します。

娘の将来を心配するあまり、母は娘に勉強を厳しく強いるようになったのです。結果的に娘のやる気はくじかれ、母娘の関係はぎくしゃくするようになりました。

そこでアドラーは、母親に対して誤りを認めてほしいと考えました。

子どもの前で直接、自分が誤っていたことを認めて、やり方を変えることを伝えるように助言したのです。

母親が助言どおり誤りを認めたところ、母娘の関係は好転し、娘の成績も上がったといいます。

私自身、医師として誤っていたことがあれば、患者さんに対して素直に認めるようにしています。治療する立場の人間が誤りを認めてはいけない、と言う人もいるのですが、誤りを認めたうえで、やり方を変えたほうが、患者さんの利益につながると考えるからです。

すでにお伝えしているように、アドラーは対等な人間関係を重んじていました。親子であっても対等であることが原則です。「親だから」「先生だから」威厳を保ちたい、そのためにどんな状況でも誤りは認めないというのでは、子どもの勇気をくじくだけです。

親が誤りを認めることで、子どもは自分に自信を持てるようになります。また、親にも間違うことがあると学びます。

「ママが間違っていたよ。今度はちゃんとあなたの話を聞くようにするよ」

このように、対処法も含めて素直に開示することが重要です。

間違ったとしても、素直に非を認めてやり方を変えれば、いくらでもやり直すことができる――こういう確信を持っているからこそ、新しいことにも挑戦できるようになるのです。

本音と建て前を教える

相手に言うと傷つくよね

「○○君は、本当にバカなんだよ」

「△△さんとは話したくない。つまんない」

こんなふうに子どもが友だちの悪口を口にしたときには、どうしていますか？

「そんなふうに人の悪口を言ってはいけないよ」

「みんなと仲良くしなきゃダメでしょ」

などと、頭ごなしに否定するのは逆効果です。

こんなやりとりが何度か続くと、子どもは親に本音を話しても仕方がないと思うようになります。また、周囲からの評価を怖れて、言いたいことも言えない性格になるだけです。

自分の子ども時代を考えてください。きっと友だちの悪口を言った経験はあるでしょうし、全員と仲良くするのは無理だったはずです。

自分ができなかったことを子どもに押しつけるのは無理があります。

子どもが家庭内で友だちの悪口を口にしたときには、頭ごなしに否定してはいけません。

「心の中でそう思うのは勝手だし、別に思ってもいいよ。今、そんなふうにあなたが自分の考えを持っていること自体は悪いことじゃないと思う。ただ、それを直接相手に言うと、相手が傷つくよね。相手を傷つける言葉は言わないほうがいいよ」

などと教えてあげればよいのです。

要するに、本音と建て前の使い分けを子どもにわからせるということです。

大切なのは、大人と子どもが対等な人間であるという感覚を持ち、本音で話し合える関係を作っておくことです。

「学校でそういうことを言うと嫌われて損をするよ」

このように、損か得かで判断させるのも私は間違っていないと考えます。小学校高学年くらいになれば、損得で判断できる力は備わっています。

現実に社会には本音と建て前があるわけですから、世の中のルールや社会の仕組みを教えたほうが子ども自身のためにもなるのです。

テストは「ツール」にすぎない

間違える場所がわかったね

テストの点数がよかったときにだけ褒め、悪かったときには叱る。それを続けていると、親に褒められるために行動するようになり、極端に親の顔色をうかがう臆病な子どもになります。アドラーが褒めることに懐疑的だったのは、このような理由があるからです。

テストの点数が悪かったときに叱っても、点数が上がるわけではありませんし、中にはテストを隠すようになる子も出てくるでしょう。テストを隠されてしまうと、改善の余地もなくなります。

アドラーの勇気づけの考え方によれば、失敗したときにフォローの仕方を知っている人は、勇気を持って行動することができます。

その意味では、**テストで重要なのは高得点を取ることよりも、もっと学力を伸ばすための改善策を見つけること**です。最終的に、中学受験などの本番で合格ラインを突破すればよいのであって、それまでのテストの結果にいちいち一喜一憂していても仕方がないのです。

テストは勉強の対策を立てるためのツールであると認識してください。悪い点を取ったときには、どうすればいい点を取れるのかを考えればいいのです。

まずは、テストの点数が悪くても頭ごなしに叱らないことが大切です。そのうえで、次回のテストに向けてどんな対策を立てられるのかを考えていきましょう。

「どうして点数が悪かったと思う?」

「間違えた理由はなんだったのかな?」

と、子どもの率直な意見に耳を傾けてください。

「怠けていたから点数が悪かったに決まっている!」

などと叱りたい気持ちを抑えて、子どもの考えをはき出させるようにするのです。

子どもの意見のなかには、改善のヒントが隠されているかもしれません。

子ども自身の発想を大切にすれば、子どもは自由に考えて発想する力を伸ばすことができます。実際に自分が考えた対策であれば、進んで取り組むようにもなります。結果的に学力向上にもつながるに違いありません。

経験を「生きた知識」にする

（失敗したことについて）次はどうすればいいと思う？

危ないから触らせない、転びそうだから歩かせない――このような親の過保護は、子どもが成長する機会をいたずらに奪うだけです。

本当に危ないときは当然止めるべきですが、ちょっと転んでケガをする程度であれば、あえて痛い目を見させて、痛かったという経験を持たせるほうが子どものためになります。**子どもはケガをすることによって、何が危険な行為であるかを経験的に理解する**ようになります。

「これをすると大きなケガをする」

「危ないからやめておいたほうがいい」

と自分で判断して、危険を回避できるようになるわけです。

これは子どもの人間関係においても同じです。

たとえば、友だちの悪口を言う子どもに対して、「悪口を言ってはダメだよ」と言っても、子どもは心の底から納得することはできません。

それならば、あえて子どもの悪口に口を出さずに、悪口を言って仲間はずれになる経験をさせるほうが教育的な効果はあるといえます。

悪口を言うと、相手を悲しませたり、怒らせたりして、結果的に自分の居場所がなくなることがわかれば、次からは仲間はずれにならないようなコミュニケーションをとろうと考えるからです。

失敗したという経験は、一種の知識です。知識を増やすと同時に重要なのは、問題を解決するために発想する力を磨いていく努力です。

知識と発想は、両方セットにすることで効力を発揮します。

知識をもとに、さまざまな可能性を発想する。そのときポイントとなるのが、複数の可能性のなかから最適な選択肢を選び取る力です。この最適な選択肢を選ぶ能力は、社会に出てからさまざまな問題に直面したときに確実に役立てることができます。

ですから、子どもが失敗経験をしたときに、次はどうすべきかを一緒に考えてあげるとよいでしょう。経験のなかから可能性を考えたうえで選ばせる。このトレーニングは、失敗や危険を回避するよりもはるかに生きる力を高めることにつながるのです。

問題点を「置きざり」にしない

まずは謝ることが大事だよ

子どもが友だちとケンカをして、相手を泣かせてしまったとしましょう。こういったときは、まずは丁寧に子どもの言い分を聞きましょう。一方的に「うちの子が悪い」「うちの子は悪くない」と決めつけてはいけません。

子どもに悪い点があっても、一方的に叱りつけるのは考え物です。叱ったところで解決になるわけではないからです。

「子どもの最初の誤ちのことで、大人を責めることはできない。われわれができるのは、子どもがその結果を経験し始めたときに、誤ちを治療する援助だけである」

つまりアドラーは、**子どもが何か誤ったことをしたときには、自分が何をしたのかを教え、結果に対してどう対処すればよいのかを教えるべきだ**と言うのです。

このケースであれば、次のような言葉のかけ方が考えられます。

「あなたがしたことで、○○ちゃんは泣いてしまったわけだよね。それなら、まずは謝ることが大切だよ。謝れば○○ちゃんは許してくれるかもしれないし、仲直りもできると思うよ」

結果に対する解決方法を教える。親は、これをさまざまな状況で意識する必要があります。たとえば、子どもがジュースをこぼしてしまったとき。ついつい声を荒らげて、「なんでこぼすの!!」などと叱ってしまう親が多いのですが、叱ることが解決ではありません。

「こぼしたら汚れてしまうから、ふきんで拭こうね」

このように、解決策を教えるようにしてください。常に解決策を教えるのは、口で言うほど簡単なことではありません。普段から子どもと一緒に解決策を考える習慣をつけていくのがよいでしょう。

「どうして○○ちゃんが泣いてしまったと思う?」

「○○ちゃんの本を読んでいたからなんだね。じゃあ、どうして○○ちゃんの本を取り上げたの?」

「それだったら、今度は、あなたの本と『交換しよう』って言ってみるのはどう?」

理由を掘り下げていけば問題点は見つかりますし、解決策も見つかるはずです。

第7章

親の「この一言」が子どもを前進させる

子どもの将来の目標を知っていますか？

「すべての人間は目標を追求している」というのがアドラー心理学の基本的な考え方でした。

どんなに困難な道でも頑張れるのは、人が目標を持って生きているからに他なりません。

では、子どもが道を誤ったり迷ったりするのはどうしてでしょうか。

子どもが道を誤ろうとしているのは、目標が適切ではないからです。

目標を適切なものにすれば、子どもは目標に向かって進んでいくはずです。

親ができるのは、子どもが適切な目標を持てるように、ヒントを与えてあげることです。

子どもと将来の夢について語り合う。

将来、どうなりたい？

どんな人が「いいな～」と思う？

職業について語り合う。

夢を実現するためにどんな勉強が必要かを語り合う。

こうした時間を積み重ねていくうちに、子どもは自分の進むべき道や目標を自ずと獲得していきます。

獲得した目標は、その子どものものです。あとは、その目標を達成できるように見守ればよいのです。

この章では、子どもが人生観や職業観を養っていくうえで、親としてどのような言葉をかけていくべきかについて取り上げます。

いじめから救う親の言葉

ママとパパはあなたの味方だよ

灘中の受験に合格した私は、それまでの受験勉強の努力を忘れたかのように、机に向かうのをやめてしまいました。

「灘中にさえ受かれば、東大合格は約束されたようなもの。だから必死で中学受験を頑張りなさい」

塾の先生にそう言われ続けたこともあり、灘中に入学したことですっかり安心しきってしまったのです。目標を失った私は、一種の燃え尽き症候群だったのでしょう。

しばらく勉強をサボっただけで、成績はみるみる急降下していきます。入学時に5番だった順位は、あっという間に〝中の下〟以下に転落しました。中学1年の間に、勉強熱心な同級生たちは中3レベルの勉強をクリアしています。気がつけば決定的な差がついていました。

勉強ができず、スポーツも不得意だった私は、格好のいじめの標的でした。

あるときは、大きなゴミ箱に閉じ込められ、長時間そこで過ごす羽目になりました。大声で叫んでみても、誰も駆けつけてはくれません。灘中は生徒が日常的に授業をサボっていたので、私1人が教室からいなくなっても教師も捜そうとは思わなかったのです。

また、柔道の帯紐でくくられ、3階から吊り下げられたこともありました。今となってはどのように脱出できたのかすら覚えていません。

当時の私は母親にも相談できず、悶々とする日々を過ごしていました。唯一救いだったのは、私と同じように仲間はずれにされた者のグループがあったことです。ちなみに仲間はずれグループの1人に、後にイスラム法学者となる中田考氏がいました。

私のように、いじめられていることを親に相談できない子はたくさんいます。

普段から、相談しやすい環境を作っておく必要があります。日頃から「ママとパパはいつでもあなたの味方だよ」とメッセージを送っておきましょう。

悪質ないじめがあれば、学校や教育委員会に訴えるなどの措置を取るべきです。軽いいじめの場合は、「別に学校のクラスメイトに好かれる必要はないよ。勉強してみんなを見返してやればいいいんだよ」と諭し、勇気づけるのも親の役割です。

自分の理想を描ける子、描けない子

何になりたいの?

近年、自分が得意なことや将来やりたいことがわからないという子どもが少なくないようです。その原因は心の弱さにある、と私は分析しています。

アドラーは、子どもが将来何をしたいのかわからないのは問題があると考えていました。そして、子どもたちに「将来何になりたいのか」を尋ね、その職業につくための具体的な助言を行っています。将来の目標に向けて訓練を積み重ねていく。これは目的論を提唱したアドラーならではの人生観です。

このように**将来やりたいことがわからない子に対しては、親がヒントを与える**ことはできます。

「人の命を救う医者になってほしい」
「弁護士として弱い立場の人を守ってほしい」
など、子どもに「将来こうしてほしい」と希望を伝えるのはかまわないと考えています。最終的に決定するのは子ども自身なのですから、押しつけにならない希望であればいくら言ってもいいのです。

具体的な目標が描きにくい場合は、子どもに「偉人伝」を読ませるのも一つの方法です。偉人伝には誰よりも苦労し、逆境を乗り越えながら大成した人たちの話が描かれています。

たとえば、ノーベル物理学賞を受賞した湯川秀樹博士は、ノーベル賞を受賞してからも研究に注力した人物として知られています。

彼は「今、真実であるとされていることを信じるのは愚かであり、真実は常に塗り替えられるものだ」という趣旨の発言をしています。また、アインシュタインがかかわる世界連邦運動に参加し、積極的に平和運動にも取り組みました。

権威主義に陥らず、成功した偉人のストーリーは、子どもが将来を考えるうえで、非常に大きな影響を与えてくれます。

偉人伝を通じて、医者や科学の道に進む子が出てくるかもしれません。

「こういう人になりたい」という理想像が明確にあれば、自分を理想の方向に持っていこうとする力が働きます。

私の母の「脅し文句」

勉強できないと食べられなくなるよ

今、親の教育に大きく欠けているのが、子どもに実社会の仕組みを教えるということです。厳しく、残酷で、矛盾に満ちた社会については教えようとせず、過保護に育てたならば、いざ社会に出たときに子どもが壁に突き当たるのも当然です。

では、どうして親が社会について教えられないのかといえば、親自身が中途半端な豊かさのなかで育っているからでしょう。大多数の親は極度の貧乏を体験していませんから、リアリティをもって教えようにも教えられません。

その点、私の親の世代にとって、貧乏は切実な問題でした。

「勉強しないと貧乏になるよ。本当に食べられなくなるよ」

という言葉にも、決して人ごとではない実感がこもっていました。

子どものころ、関西に住んでいたこともあり、休日には大阪の天王寺公園などに連れられて遊びに行くことがありました。当時の園内ではホームレスをたくさん見かけました。それを見るたびに母親が言ったものです。

「**勉強してへんと、大人になって困るのは、あんたやで**」**かなり過激な表現で子どもを脅していたのです**。

もちろん、アドラーの本意は貧乏な人を差別することにはありませんでした。貧乏な人や生活保護を受けているような社会的弱者に対して共感できるような人間に育てていくのが共同体感覚です。

ただ、ユダヤ人のアドラーは「勉強で這い上がって出世していく」というユダヤ式の子育ての影響も強く受けていました。勉強をして社会的な地位を上げることについては肯定的だったのです。

日本も不景気になったとはいえ、全体的にはまだ豊かといえます。しかし、一方で貧困はじわじわと現実的なものになりつつあります。厚生労働省が2020年に発表した2019年調査の「子どもの貧困率」は13・5%となっています。実に子どもの約7人に1人が貧困に相当しており、先進国のなかでは最低レベルです。

これから格差社会が進行すれば、ますます這い上がるのが困難な時代になるのは間違いありません。親が社会の厳しさについて、折にふれて話をしていくべきでしょう。

「勉強ができる＝カッコいい」という価値観

やっぱり東大はすごいね

親の価値観は子どもに大きな影響を与えます。日常の何気ない言動のなかに、親の価値観ははっきりと表れます。

私の両親は、私たち兄弟に対して、とにかく「勉強ができることはカッコいい」とひたすら言い続けていました。一例を挙げれば、こんなエピソードがあります。

私の父方の親戚に、兄弟3人そろって東大に入学した一家がありました。父親は裁判官を経て大学教授になり、男の子3人は東大、女の子もお茶の水女子大学などの有名大学に進学させていました。

「子どもが東大だか何だかしらないけど、あんな最低な人間になったら終わりだ」

その父親は、周囲の人を露骨に見下すような性格だったこともあり、親戚中の鼻つまみ者でした。何しろ、みんなが就職の世話を頼んだり、見舞いを頼んだりしても、門前払いするような薄情な人間だったのです。もちろん私たち一家も例外ではなく、その嫌な親戚から完全にバカにされていました。会ってもらえたのは、私が灘中に入ってからのことです。

ところが私の両親ときたら能天気そのもの。

「兄弟3人東大なんてすごいね」

「同じ家系なんだから、あなたたちだって勉強できるはず」

などと、ことあるごとに吹聴していました。

私たち兄弟は、両親が本気でそう思っていると受け止めていました。親の価値観に影響を受けた私たちは、自然と勉強に対して前向きになれたように思います。

結果的に私たち兄弟は、そろって東大に合格することになります。一方、嫌な親戚をさんざん叩いていた他の親戚一同の子たちは、誰一人として東大や京大に合格することができませんでした。

親が「東大出身より、おバカタレントのほうがカッコいい」という価値観を持っていたら、子どもが勉強しなくなるのも当然です。

子どもに勉強をさせたいのなら、「勉強ができることはカッコいい」という価値観を持つように、繰り返し伝えていく必要があるのです。

やりたいことを見つけると、子どもの人生は変わる

医者は立派な仕事だね

高校1年生のころ、いじめを経験した私は、いつしか暴力団事務所の顧問弁護士になろうという少々物騒な目標を持つようになりました。

大人になったら強面《こわもて》の組員を引き連れて、私をいじめた同級生のところに行く。そして「やあ、ひさしぶりやねえ」などと声をかけたらどうなるだろう。そんなシーンを想像して溜飲を下げていたわけです。でも、やはりそれは本気の目標ではなかったと思います。本気の目標であれば、もっと勉強にも身が入っていたはずですから。

本当の意味で私が目標を持ったのは高校2年生になってから。

映画監督になりたいと思った途端に、俄然勉強する意欲がわいてきました。

アドラーは、子どもが悪さをしたときに、〝親の虐待〟などの原因を追求しても仕方がないとしています。それよりも「現在」や「未来」に目を向けたほうがよいというのがアドラーの考え方だったわけです。

目標を持った子どもは、それを達成するために行動を変えようとします。大切なのは、子ども自身が得意なこと、興味を持っていることを自覚し、「こんなことをしてみたい」「こんな職業につきたい」という目標が持てるようにすることです。

自分の進むべき方向、やりたいことが明確になっている子であれば、親としてはそれを温かく見守って、サポートしていくことを考えましょう。

私の場合は、ADHD（注意欠陥・多動性障害）の気があったようですし、アスペルガー症候群と診断されかねない性格で、どこか人を見下すところがあったために、同級生とのケンカが絶えない子どもでした。そんな私を見ていた両親は、私にはとてもサラリーマンは勤まらないと考えたのでしょう。「とにかく資格を持て。資格を持たないとお前は食べていけないよ」「医者か弁護士になれ」と散々言われ続けたことが、現在の自分に大きな影響を与えていると感じています。

仮に自分の子どもにやりたいことがない場合でも、親がヒントを与えてあげることは可能です。子どもを医者にさせたいのであれば、「人の命を助けることができる医者は立派な仕事だね」などと子どもに教えればいいのです。

子どもに「やってみてもいいかな」と思わせることは立派な勇気づけなのです。

多くの選択肢を与える

東大を出ておけば、とりあえず困らないよ

映画監督になりたいと夢見ていた私は、最終的に医学部への進学を決意しました。大手の映画会社がすべて助監督の採用をやめたうえに、映画を作るためのお金を作るには医者になったほうが手っ取り早いと考えたからです。

医師免許を取っておけば、たとえ映画で失敗したとしても、いつでも食べていくことができるという現実的な理由もありました。

つまり**映画という目的を達成するために、医学部を手段にしようとしたわけです。**

そう言うと、次のような非難を受けることがあります。

「医者という職業をなんだと考えている」

「不純な動機で医者になった人間に診察される身になってみろ」

しかし、たとえ不純な動機で医者になっても、素晴らしい先生に出会えば考えが変わる可能性があります。さまざまな動機で医者を目指す人間を、患者を診ることが好きな

医者に育てていくのは医学部の教員の大きな役割です。

そもそも、私を批判する医学者に限って、教授の地位争いに血道を上げ、患者を二の次にしているのですから、何をかいわんやです。

学歴については「大は小を兼ねる」という原則があります。

要するに、東大法学部を出ておけば、弁護士を目指すこともできますし、大企業に勤務できる可能性もあります。もちろん、地方に戻って高校教師になることもできるでしょうし、俳優を目指してもいいのです。

一方で、大学を出ていなければ、そういった選択肢は確実に制限されます。これが社会の現実です。

親は子どもに、こういった社会の現実を正しく伝える必要があります。

最終的に進路を選択するのは本人です。ただ、できるだけ多くの選択肢を用意する努力は親にもできるはずです。

「東大を出たほうができることが多い」

「医者の資格を取っておけば、やりたいことをやっても生活に困ることはない」

普段から現実を伝えて子どもの自覚を促すようにしてください。

「柔軟な価値観」は身を助く

世の中なんて、いつかは変わるよ

日本では第二次大戦中は、軍人として出世する人が最も模範的な人物とされていました。男の子はみんな〝軍人さん〟にあこがれながら軍国少年として育っていったわけです。しかし、終戦後は一転して軍国主義を否定する教育が行われました。当時の人たちは、ほぼ一瞬にして価値観がひっくり返るという現実を目の当たりにしました。

バブルが崩壊する1990年代初頭くらいまでは、お金持ちは決して尊敬の対象ではありませんでした。マンガでもお金持ちはひねくれた人物として描かれていましたし、実際にこれみよがしに宝飾品をまとっているような人を、一般市民は軽蔑のまなざしで見ていたものです。

私の高校時代は、実業界で成功している家庭の親たちも子どもの進学に非常に熱心でした。やはり心の中で、お金持ちであることより学歴エリートになることが価値であるとみなしていたのです。

ところが今では、お金持ちは実に尊大にふるまっています。みんながお金持ちをあこがれの対象として見るようになっています。『お金持ちになる方法』という類の臆面もない内容の本が、当たり前のように多くの読者を獲得しています。

今は、お金持ちの側に学歴や教養がなくても負い目に感じるような風潮はなくなりました。要するに、価値観は時代によって大きく変わってしまうということです。

アドラーは、国家の理想も革命などにより、いつなんどき覆されるかもわからない、理想は絶対的なものではないという趣旨の発言をしています。

仮に今お金持ちだからといって、未来永劫の保証があるわけではありません。

常に周囲の価値観に合わせていたら、「その他大勢」として社会に翻弄される一生を送ることになりかねません。重要なのは、どんな時代になっても生きていけるような柔軟な価値観を身につけておくことです。

「いつも同じやり方が通用するわけではないよ」

「学校で教えていることは絶対ではないよ」

子どもに対しても、このように伝えておく必要があるのです。

中学受験をするべき理由

挑戦しなくていいの？

子どもに小学校や中学校の受験をさせるかどうかは、結局のところ家庭の事情や考え方、子どもの性格などによりますから、絶対的な正解があるわけではありません。

私自身、子どもに小学受験と中学受験を経験させせました。が、今にして思えば、小学校くらいは公立校に進学させてもよかったかもしれないと考えることがあります。

私立校には、同じような家庭環境と価値観を持った子が集まる傾向があります。特に学校ごとに校風や文化がはっきりしていますから、良くも悪くも校風や文化の影響を強く受けることになります。

公立校の場合は、もう少し多様な背景を持った子が集まりますから、必然的に一つの考え方にとらわれずに、多様な視点からさまざまな可能性を模索する力を養うことが可能です。雑多なタイプの子と交わる経験は、大人になってから他者を想像する力や他者を思いやる力になって表れます。

一方、**中学受験に関しては、確実に経験したほうがよい、というのが私の考えです**。というのも、中学受験は、「結果を出す」という社会に出てから必要な能力を養う絶好のチャンスだからです。

小学校低学年までは「楽しいから勉強する」というだけで十分なのですが、中学年からは徐々に「結果を出す」という方向にシフトしていく必要があります。中学受験は、直接的に結果を問う機会ですから、この経験を通じて、得られるものは大きいのです。

仮に実際に受験をさせないにしても、受験用の問題集に取り組んだり、進学塾に通わせたりする経験はプラスになると考えます。

「受験勉強をしておくと頭がよくなるよ」

といった実情をきちんと教えておくべきです。

受験勉強をすれば、達成感を得られるようにもなります。

難しく厳しい勉強に取り組み、クリアしたときの達成感は、他の経験では得られないほど大きなものであり、その後の人生を生きていく上で、強力な自信へとつながっていくのです。

ときには毒を与える

勉強しないと、将来どうなるかな？

育児の教科書などを読むと、「勉強しないとお父さんみたいになるよ」という言葉は、父親の尊厳を損なうから禁句であるとされています。

しかし、私自身は母親から「お父さんは学歴がないから出世できないでしょ。あんなふうになりたくなかったら勉強しなさい」と言われて育ちました。

当時は、今以上に「学歴がないといい仕事につけない」という価値観が強い時代でした。実際に父は一流大学を出ているわけではなく、出世も遅れていました。母親も必死で私たち兄弟に学歴をつけたいと考えていたのでしょう。

勉強して東大に入学してみると、私のように〝親のようになりたくない〟というモチベーションで必死に努力した人間だけでなく、親を尊敬しながら育った人もたくさんいました。

結果的に見れば、どちらが正解ということではありません。子どもの性格によっては、「親のようになりたい」と思って勉強する子もいるでしょうし、「親のようになりたくない」と思って勉強する子もいるはずです。

子どものタイプによっては、「勉強しないとお父さんみたいになるよ」と言っても問題ないと、私は考えます。

重要なのは、親子が日常の会話のなかで本当のことを語っているかどうかです。

本心では母親がお父さんのことを尊敬していないのに、「お父さんはすごいね」と言っても、確実に子どもには嘘が見抜かれますから、むしろ教育にとってはマイナスではないかと思います。

「お父さんみたいになるな」と言うのは少しキツすぎますから、「お父さんは本当は仕事ができるんだけど、いい学校を出ることができなかったから、出世が難しくて苦労している。○○には、そういう思いをさせたくないから勉強してほしいのよ」という言い方が適切かもしれません。

これからは、たとえいい大学を卒業したところで、仕事ができなければ生きていけない時代です。こうした社会の厳しさについては、折に触れて伝えておく必要があるでしょう。

贅沢を〝ちょっと〟経験させる

グリーン車に乗ってみよう

私は「衣食足りて礼節を知る」という基本的な考え方を持っています。つまり、子どものころに満たされた生活を送っている子は、心も健全に育ち、弱者に対する優しさを持つということです。

「裕福に育った子は性格が悪い」という説もよく耳にしますが、実際には不遇な暮らしを送った子は自己肯定感が低く、すぐあきらめてしまう性格を持つ傾向が強いと感じます（もちろん全員がそうだとは言いませんが）。

現在は、親世代にも「毎日食べることができて、雨露をしのぐことができれば十分」という考えが浸透しつつあります。が、せめて「年1回は旅行に行ける」「ときどきは外食ディナーを家族で楽しむことができる」といった生活レベルを目指すのはいかがでしょうか。

常に質素な生活を送り、いつも激安レストランや回転寿司で外食をしていると、子どもはそれが当たり前だと思います。文化的な生活がどんなものかイメージすることもできませんし、それを目指そうとする気も起こりません。

アドラーも、人間はもともと優越性と成功を追求する存在であり、子どもに優越性を得る努力をさせるのが親の役割だと述べていました。ですから、**ときどきは貯金を使ってでも子どもに贅沢をさせることも必要です**。「このようないい暮らしをしたい。そのために勉強を頑張る」という上昇志向を持たせるのです。

一度でいいから新幹線のグリーン車に乗せてみる、高級寿司を食べさせるなど、上のクラスを見せる手段はさまざまです。

実際にグリーン車に乗ってみると、子ども心に普通車との環境の違いに気づきます。席はゆったりとしていて、全体的に静かで、周囲の大人たちも読書をしたり、仕事をしたりしています。グリーン車に乗るような人は勉強熱心であるという事実に何かを感じ取ってくれるかもしれません。

普段の生活に余裕がなければ、「うちは裕福ではないかもしれないけれど、お金のある人たちはこういういい暮らしをしているんだよ。あなたはそうなれるように勉強しないとね」などと教えるのも立派な教育です。

提案するときは具体的に

お父さんと一緒に散歩に行こう

「父親は子どもと友好的に接し、ときおり喜びを与える。たとえば、日曜日に子どもと2人で散歩するというようなことをするよう影響を与えることを提案すべきである」

アドラーは勉強がいやになった子どもの母親に、こんな具体的な提案をしました。

要するに、子どもが母親にあまりに依存しすぎるのはよくないから、母親と一緒にいる時間を少なくしたほうがよい、というわけです。

普段、母親と子どもで過ごす時間が圧倒的に長いという家庭では、かえって子どもは父親に話しやすいことがあります。

父親が「学校は面白いか？」と聞くだけで、子どもが話し出すということが現実にあります。

子どもと接している時間が短い父親のほうが、子どもの状態や子どもがやったことを冷静に判断できるということもあるでしょう。お母さん方には、積極的に父親の力を活用することをおすすめします。父親から子どもに対して「お父さんと一緒に散歩に行こう」と誘ってもらうようにするのです。

育児への参加意識が低い父親に対しては、「もっと子育てに協力してよ」と言うしかありません。ただし「自分がラクをしたいから」というニュアンスで伝えたならば、「俺も仕事が忙しいんだ」などと、〝どちらが忙しいか〟の議論におちいってしまいます。

しかし、あくまでも子どものため、という観点から〝子どもの成長〟というビジョンを共有していけば、決して夫が逃げ出すようなことはないはずです。

私自身、子育て時代は「母親だけでも子どもは育つ」と思っていたこともあり、父親の力が必要だとは気づかずに過ごしていた過去があります。

母親は父親に「言わなくても気づいてほしい」と期待していますが、明確に伝わるように「子育てに協力してほしい」と言う必要があります。

「日曜日に散歩に連れて行ってほしい」

「子どもに学校での出来事を聞いてほしい」

など、**できるだけ具体的に〝してほしいこと〟を伝えたほうがよいでしょう。**

第 8 章

「なんとかなる」と思える心の強さを育てる

心が強い子と弱い子の差

心が強い子と心が弱い子の差は、逆境に置かれたときに明らかになります。

仲間はずれにされたとき、友だちとケンカしてしまったとき、テストでうまくいかなかったとき……。心が強い子は、

まだ大丈夫

なんとかなる

やり直せばいい

と考え、実際に逆境を軽々と乗り越えていきます。

心の強さを支える要素の一つは、アドラーが提唱した「共同体感覚」を持つということです。

ときに対立することがあっても、仲間であることには変わりない。

多少キツいことを言っても、仲間はずれにはされない。
無理にみんなに合わせなくても、仲間の一員でいられる。

共同体感覚は、こういったある種の自信のようなものです。

親は子どもに対して、「あなたは間違ってはいない」「あなたのままでいてもいい」「臆する必要はない」と繰り返し伝えてあげる必要があります。それが自分を保ち強い心を持つための基本となります。

また、アドラーは競争に勝つことを重視しました。これも心の強さを支える要素です。

競争して勝ったら喜び、また勝ちたいと思う。
負けたら悔しがり、次は勝ちたいと思う。このように健全な競争心を育てたいものです。

この章では、心が強い子を育てるための親のアプローチについてお伝えしていきます。

劣等感をバネにする親の一言

負けても当たり前だよ

第1章でも前述したように、劣等感を過剰に持ち、自分には価値がないと考える状態を「劣等コンプレックス」と言います。

アドラーは、人は誰でも劣等感を持つとした上で、その劣等感を劣等コンプレックスにしてはいけないと言いました。

子どもは、ほんのちょっとしたことで、自分とまわりの子を比較して劣等感を持ち、自己否定に走りがちです。アドラーは、そんな状況に直面した子どもに自信を持たせることの重要性を説きました。これがアドラー心理学における「勇気づけ」ということです。

子どもの成長を考えるときには、生まれ月による運不運というものがあります。2月、3月ごろに生まれた子は、4月、5月生まれの子と比較して勉強も運動もおしゃべりも遅れがちなので、どうしても劣等感を抱きがちです。

ここで重要なのは、劣等感を否定するのではなく、劣等感をバネにして勝ちに行くということです。つまり、負けているのを認めたうえで、「次は勝とう」という意欲を持つことに意味があるのです。

「あの子とは1年近く差があるんだから、今は負けても当たり前なんだよ」

「1年後のあなたは、あの子よりも勝っているはずだよ」

「算数では今でも勝てるんだから大丈夫だよ」

親からこう言ってもらえるだけで、子どもはどれほど救われるでしょうか。

多くの親は子どもの欠点に目を向けがちで、欠点を減らそうと躍起になります。

しかし、何かができていて、何かができていない状況があったら、できているほうに着目して褒めるべきです。できているところを伸ばして絶対的な自信にしてあげれば、子どもの心は強くなります。

心の強い子どもは、仮に何かで壁に突き当たる経験をしても、決して自己否定におちいることなく、「こんなこともある」「他のことで見返せばいい」などと思えるようになるのです。

弱音を吐ける子は強い

いじめられるのは、性格がいい子らしいよ

非常に逆説的ではありますが、心が強い子は「弱音が吐ける子」です。

たとえば、まわりの子たちからいじめを受けたとき、誰にも言えずに鬱々とした気持ちを抱え込む子は、逆境に耐えきれずに不登校を選んだり、最悪なケースでは自殺してしまったりします。

大切なのは、何かの逆境に直面したときに、なんでも親に言える環境を作っておくことです。

では、**どうすれば子どもは親に対して弱音を吐きやすくなるのか**。

結論から言えば、子どもが抱えているすべての問題に対して、あるがままに肯定的に受け止めるということです。

子どもが弱音を吐いたときに、ネガティブな反応は禁物です。

「いじめなんかに負けるな。頑張れ！」

と一方的に突き放したり、
「いじめられるなんて情けないね。何か自分がしたことに心当たりはないの？」
と子どもの非を問うたり、
「いじめられたの？　大変だ。かわいそうね……」
と過度に心配したりしていると、子どもは、親に弱音を吐いても仕方がない、親に心配をかけたくないと思うようになります。

ここで、「結局、**いじめられるのは性格のいい子らしいよ**。性格の悪い子はいじめばかりして、性格がいい子はみんないじめられるものなんだよ。その証拠にパパだって子どものときにはいじめられていたんだ」などと普段から言っておけば、子どもはいじめられたときに弱音を吐きやすくなるかもしれません。

つまり、**親の理想や不安を表に出しすぎてはいけないのです**。

子どもにとって、何でも言える、もっとも原始的な相手は親です。親友に相談できるようになるのは中学生や高校生になってからです。

親として、子どもの逆境もすべて受け止めるという余裕を持つようにしてください。

考える力を身につける順序

できないんだったら答えを見てもいいよ

日本の教育の問題点の一つは、本来は大人になってから身につけるべきことまで、子どものころから求めすぎてしまうところにあります。

その一例が、2020年度から実施された大学入試制度改革です。この改革では、センター試験が廃止され、大学入学共通テストが導入され、記述式問題の導入が検討されました。

「知識偏重型の教育をやめて、暗記力を問う試験ではなく、子どもが考える力を問う試験方式に変える」

こう聞くと、いかにももっともらしく、教育上の効果も高いように思えます。しかし、果たして本当でしょうか。

冷静に考えれば、世界中の国を見渡しても、初等中等教育においては詰め込み型の教育に力を入れています。むしろ、そもそもは**日本の詰め込み式の教育は成功事例と**

して、アジアや欧米各国の手本とされてきた経緯があります。

こうした国々では、まず詰め込み式の教育を行い、大学に入学後にそれまで身につけた知識を疑う教育、知識を応用する教育を施しながら考える力を伸ばしてきたのです。

それに対して、日本では、考える力を大学入学までに求めようとしています。単に大学の教授がラクをしたいがためでは、と勘ぐりたくもなります。

現に、日本の大学には魅力のある教授がいないという定説がまかり通っており、世界の優秀な留学生が集まらないのが実情です。海外では、大学卒よりも大学院卒、大学院卒よりも博士卒のほうが就職でもはるかに厚遇されていますが、日本では「高学歴ニート」などという言葉もあるくらい、大学院卒は敬遠されています。大学に長くいた人ほど使い物にならないと思われているからでしょう。

もちろん考える力を伸ばすことは大切です。しかし、「算数の問題をできるようになるまで考えろ」と強制していると、子どもの多くは算数に劣等感を持つだけです。

「できないんだったら答えを見ていいよ。それで次にできるようになったらいいじゃないか」

こう言うだけでも、算数嫌いは減るはずです。教育には順序や段階があるのです。

子どもを型に、はめてもうまくいかない

こういう言い方をしたほうが得するよ

日本では、教育制度だけでなく、しつけの面でも早期の完成を求める傾向があります。

たとえば小学校では2018年度に、中学校では2019年度に道徳が教科化されました。きっかけとなったのは、2011年に起きたいじめ自殺事件でした。子どもの道徳心を強化すれば、いじめ防止にもつながる。道徳教科化の根底には、そうした考えがあります。

「友だちの悪口はいけません」

「仲間はずれにしてはいけません」

「クラスの子みんなと仲良くしましょう」

学校の授業でそのように教え、成績を評価することで、果たして子どもは聞き入れてくれるのでしょうか。いじめは本当に減っていくのでしょうか。

自殺につながるような悪質ないじめは、もはや犯罪であり、絶対にやめさせるべきです。ただ、子どもを型にはめようとしてもうまくいかないように思います。

子どもには、時期に応じた発達課題があります。友だちに悪口を言う、残酷なことを言う、下品なことを言う、優越感丸出しのことを言う……。すべて発達の過程で、子どもが経験する通過地点です。

言ってはいけない悪口を言った結果、友だちから仲間はずれにされた。そんな経験にこりて悪口を慎むようになるというのが、本来の成長の筋道のはずです。

「言いたいことはわかるけど、こういう言い方をしたほうが、大人っぽく見えて得するよ」

このように、自分の子どもを頭ごなしに否定せず、大人としてフォローしてあげるべきです。

幼いころは、少しキツイくらいの性格で、競争心旺盛であるほうが子どもらしい、と私は思います。私自身、負けん気の強い、他人から見ればキツイ性格の持ち主でしたが、20代、30代と年を重ねるにつれ、社会性を身につけ、性格も丸くなってきました。長い目で子どもの成長を見守ってください。

「出る杭」になることを恐れない

自分は自分のままでいいんだよ

心の強い子は、他人と競争して勝ちたいという意欲の持ち主でもあります。前述したように、アドラーは、こういった「優越性の追求」を人間らしい動機としてとらえていました。人間として成長したいと考えるのは当然、というわけです。

ところが、今の日本では、健全な優越性の追求まで否定される傾向があります。簡単にいえば、「出る杭は打たれる」という風潮です。

たとえば、日本では国公立大学受験に総合型選抜（旧AO入試）が導入され、学力試験だけでなく、内申書や面接による選抜が行われる方向性が打ち出されています。

アメリカの入試制度を参考にしたものであり、日本の大学を欧米レベル並に底上げするには有効な改革だ――と評価する向きもあります。しかし、私にいわせれば、決定的な落とし穴が見過ごされています。

アメリカのAO入試では、大学が「アドミッションオフィス」という入試管理局を設置し、その組織が学生の選抜を行います。大学の教授は学生の面接にはかかわらないのです。アドミッションオフィスは、ときに教授の意見に逆らうような鋭い学生を入学させます。そのほうが、学問の進歩をもたらすという確信があるからです。

しかし、日本の総合型選抜では、大学教授が直接面接を行います。結果として、教授の言いなりになりそうな従順なタイプの学生を選抜します。

それは単なる偏見ではないか、という声が聞こえてきそうです。しかし、論文の改ざんや研究費の流用など、医学部の教授の不祥事が相次いで起きているのはなぜでしょうか。それ以上に問題なのは、こうした状況に、面接のある大学では、学生たちが批判の声をほとんどあげないということです。

唯一、医学部で教授を糾弾できたのは東京大学だけだったと伝えられており、当時、全国の国立大学で入試面接を行っていないのは東大と九大だけでした。ここに相関関係はまったくないと言い切れるでしょうか。

「あなたはあなたでいいんだ」

このような言葉で、出る杭になること、横並びから外れることを過度におそれないように後押ししてあげましょう。

競争のフィールドはたくさんある

悔しいね。今度は勝とうね

負けたくない、勝ちたい、強くなりたいという気持ちを育む土壌となるのは、「負けたら悔しい」という気持ちであり「この分野なら勝てる」という自信です。

今の日本では、私が子どもだったころと比較しても、競争を規制（というより隠蔽）しようとする風潮が蔓延していますが、まずは親自身が競争を恐れないようにする必要があります。

子どもに対しては競争を否定したり回避したりしておきながら、実社会では生々しい競争社会、格差社会をエスカレートさせています。これでは、エサの取り方も教えないまま、急にジャングルの中に野放しにするようなものです。

私は、もっと積極的に子どもに競争させるくらいでちょうどよいと思います。 競争する以上、勝つこともあれば負けることもあります。当然です。勝ったり負けたりするからこそ、「悔しい」「勝ちたい」と思えるわけです。

負けたときには、「どうして負けたの?」「何やっているの!」などと叱責するのではなくて、悔しいと思わせる必要があります。「悔しいね。今度は勝とうね」と言ってあげるのが親の役割です。

そして、どんな分野でもいいので、勝つ経験をさせることも大切です。「この分野なら勝てる」と思えば、少なくともその分野で子どもは一生懸命勝つために頑張るはずです。勝つ経験をすれば、自己肯定感も持てますし、自信にもつながります。

学校が合わなければ塾に行かせればよいですし、塾が合わなければスポーツ教室に行かせるのも一つの方法です。

競争のフィールドは一つでもありません。子どもが何かで勝てるように、たくさんのフィールドを用意できるのは親だけです。

学校の通知表を見るときにも、オール5でなければいけないなどということはありません。国語ができなくても算数が、算数が駄目でも社会の成績が良ければ、褒めてあげればいいのです。

必ず勝てるという信念を持つ

できないことがあっても問題ない

残念なことですが、世の中には事業で失敗したのを苦に自殺する人がいます。その人にとっては事業の失敗がすべての終わりだと感じられてしまったのでしょう。

このように、精神的に弱い人は、「ここで負けたら終わりだ」というプレッシャーを常に抱えています。

でも、心の強い人は、一度負けても終わりだとは考えません。アルバイトから再出発したり、家族に頼ったり、別の事業に着手したりと、さまざまな方向で再び勝つことを目指していきます。

失恋してもまた別の人にアタックすればいい、離婚しても今度はもっと素敵な配偶者に巡り会える。このような人生観を持っている人こそが、本当の意味で心の強い人ではないでしょうか？

私の弟がどんなに勉強が不出来であっても、母親があきらめずに「お前は勉強ができるはずだ」と信じて声をかけ続けた話を前述しました。

まさに負けても終わりではない、必ず勝てるという信念を伝えていたわけです。

私自身も、スポーツが苦手な子どもでしたが、母親からそのことを嘆かれたり、どうにかするように言われたりした記憶がありません。

「運動ができなくても、勉強さえできればいい。勉強ができたほうが、あとで偉くなれるんだから、何の問題もない」

そう言われ続けたおかげで、スポーツでうまくいかなくても、自己否定におちいることなく過ごしてこられたのです。

この子は勉強ができない、この子はスポーツができない、この子は性格が悪い……そうやって〝負け〟にばかり注目しても仕方がありません。

「できないことがあっても問題ない」

と負けを受け入れたうえで、

「とにかく何かで勝てばいい」

「そのうち逆転できるから大丈夫」

などと、**子どもの長所を見つけて伸ばしていくことが大切なのです。**

あとがき

本書をお読みになってどう思われたことでしょうか？

なんとなく、子育てに自信がもてた、これなら子どもをうまく育てられそうと思っていただけたなら、私の思いが通じたことになります。

「でもやっぱり難しそう……」

「うちの子はそんなに優秀じゃないから……」

などと思われたとすれば、私の力不足もあるのかもしれませんが、もしかしたら親であるあなた自身の勇気づけがうまくいっていないのかもしれません。

要するに、あなたが自分の親から十分な自信を与えてもらえなかった悪影響かもしれないということです。

私はこれまで数多くの受験勉強法の本を書いてきました。多くの受験生がそれをうまく利用して、まったく勉強が苦手だった落ちこぼれの子が一流大学に進学したり、社会に出てからも、受験を通して得た私の考え方を応用しているという感謝の声を、いろいろな会合（20代、30代のエリートや起業家たちの会）で聞きます。

しかしその一方で、ただ批判するだけの嫌がらせのメッセージがきたりします。そして、「現役で東大合格した人の勉強法なんて、自分がマネしても無理」と思っている人が増えているためか、昔ほど本が売れなくなった気がします。

それでも私は思うのです。アドラー流の子育てを受けた子であれば、「他の人がうまくいったのなら自分もできるはずだ！」と素直に信じられると。そして試してみて、私のやり方でうまくいかなかったとしても、新たに別のやり方を試すことができると。

アドラーの考え方は「目的論」です。「アドラー流の子育て」というプロセスではなく、柔軟でゆるぎない自信をもった考え方を軸に持っていれば、この本に書かれたとおりに子育てをしなくても、何も問題はないのです。

また、アドラーは「原因論」の立場ではありません。なので、本書の読者が、「叱られてばかりだった」とか、「自分を認めてもらえなかった」という育てられ方をしたせいで子育てに自信がもてなかったとしても、大丈夫です。

それは変わらないものではなく、自分の気の持ちようで変えられるはずだと考えられているからです。

本書を通じて、うまくいかない子育ての連鎖（親が子どもを否定的に育てると、その子が親になったときも同じようになりがちだという事象）を断ち切ることができるはずなのです。

私の本意はまさにそこにあります。とにかく、子どもに幸せになってほしい、社会的に成功してほしいという目的がしっかりあるのなら、「自分の子育ては大丈夫だ」と自信をもってほしいのです。

本書には具体的な言葉かけやテクニックをたくさん書きましたが、大切なのは、アドラーも言うように、その「目的」です。本書で書かれた声かけなどがうまくいかなければ、本書とは別のものを試せばいいし、それでもダメなら、また別の方法をトライすればいいのです。そうすれば目的は必ずかなうことでしょう。

私自身、長年、精神分析（アドラーを事実上追い出した本家のほうです）の勉強を続けてきて、どちらかというとアドラーは食わず嫌いだったのですが、今、それに魅せられているのも、自分自身の人生に、勇気を与えてくれるからです。

本書を通じて、子育てに勇気をもっていただければ、著者として幸甚この上ありません。末筆になりますが、本書の編集の労を取ってくださった大和書房の藤沢陽子さんと渡辺稔大さんには、この場を借りて深謝いたします。

和田秀樹

文庫化にあたって
――変化の時代、前向きに挑戦する子になるために親ができること

本書が多くの親御さんに支持されて売れ続け、さらに文庫化されたことを心から喜んでいます。

本書で書いてきたように、子どもの未来を信じてあげることは、子どもの将来にとって学歴を得ること以上に役立つことだという私の信念はずっと変わっていません。

61歳の私にとって、学歴や社会的地位以上に、この歳になってもいろいろなことを試し続け、多くの本を出し続けることができることはこの上ない幸せです。

高い学歴を得ることは大切なことですし、本書でも紹介したように、弟もその恩恵を受けたことは確かだと思います。しかしながら、たとえば東大医学部に入っても、地位や肩書きにこだわり、間違っていると思ったとしても教授に逆らうこともできず、研究者としても、臨床医としても大した成功が収められない人が大勢いることも事実です。

私が早くから医局に見切りをつけ、自分の生きたいように生きようと思ったのは、子どもの頃からの母親の勇気づけによって得られた自信があったからだと思えてならない

のです。

これからは、おそらく変化が激しい時代になるでしょう。

高い学歴を得るに越したことはありませんが、それによって将来が保証されるわけではありません。

私の母は、変わり者の私をみて、「資格でも得ないと生きていけないよ」と言ってくれたわけですが、これからの時代はおそらく資格があっても、安泰とはいかなくなると考えられます。

たとえば、これからAIが進歩すれば、検査データと画像で診断する限りは、AIのほうが正確になることでしょう。そうなると、大量の医者あまりが発生するかもしれません。

高い学歴を得ることで、大学を卒業した時点のスタートラインでのチャンスは大きなものになるでしょうし、またその大学に入ることで、賢い友達もたくさんできるというメリットはあります。だから私も受験指導を続けていくつもりです。

しかし、それからの人生は長いのです。

そのために勇気をもって、新しいことをいろいろと試せる人間に、お子さんを育ててほしいのです。この道がダメなら別の道。それがダメならさらに別の道というふうに柔軟に。親御さんも、学歴だけ得られればいいと考えて塾まかせでいるより、積極的に情報を集めてほしいと思います。

実は、2021年の春から、ZOOMを使って、親御さんにいろいろと子どもを育てるヒントを教える『和田秀樹の親塾』というものをスタートさせました。新聞広告などをうったりもしたのですが、さっぱり人が集まりませんでした。もちろん、これは私の不徳の致すところなのでしょうが、それより残念なのは資料請求すらほとんどこなかったことです。親御さんには、どんな情報でも、子どものための情報は集めるようにしてほしいのです。何回か無料の講義を聞いてから判断できるようにしたのに、それを試さないというのは残念に思えてならないのです。

変化の時代に、自分からあれこれ挑戦する前向きな子どもにするには、親もあれこれ試す姿勢が必要です。

本書がそのきっかけになれば、著者として幸甚この上ありません。

和田秀樹

参考・引用文献

『勇気はいかに回復されるのか』アルフレッド・アドラー、岸見一郎訳・注釈（アルテ）
『子どもの教育』アルフレッド・アドラー、岸見一郎訳（アルテ）
『比べてわかる！　フロイトとアドラーの心理学』和田秀樹（青春出版社）
『人と比べない生き方』和田秀樹（SB新書）

本作品は小社より二〇一六年八月に刊行されました。

和田秀樹（わだ・ひでき）

1960年大阪府生まれ。東京大学医学部卒。精神科医。東京大学医学部附属病院精神神経科助手、米国カール・メニンガー精神医学校国際フェローを経て、国際医療福祉大学心理学科教授。川崎幸病院精神科顧問。和田秀樹こころと体のクリニック院長。「I&Cキッズスクール」理事長。親指導WEB塾『和田秀樹の親塾』主宰、一橋大学経済学部・東京医科歯科大学非常勤講師。27歳で執筆した『受験は要領』がベストセラーになり緑鐵受験指導ゼミナールを創業。無名校から多数の生徒を東京大学合格に導く。この体験をもとに製作・監督した『受験のシンデレラ』はモナコ国際映画祭最優秀作品賞受賞。高齢者専門の精神科医として30年以上現場に携わり『70歳が老化の分かれ道』（詩想社新書）も大きく話題に。『受験は要領』（PHP文庫）、『受験学力』（集英社新書）、『公立・私立中堅校から東大に入る本』（大和書房）など著書多数。

緑鐵受験指導ゼミナール
http://www.ryokutetsu.net/
和田秀樹の親塾　https://oya-jyuku.jp/

だいわ文庫

アドラー流《りゅう》「自分《じぶん》から勉強《べんきょう》する子《こ》」の親《おや》の言葉《ことば》

著者　和《わ》田《だ》秀樹《ひでき》

二〇二二年三月一五日第一刷発行

発行者　佐藤 靖
発行所　大和《だいわ》書房
東京都文京区関口一-三三-四 〒一一二-〇〇一四
電話 〇三-三二〇三-四五一一

フォーマットデザイン　鈴木成一デザイン室
本文デザイン　荒井雅美(トモエキコウ)
本文印刷　シナノ印刷
カバー印刷　山一印刷
製本　小泉製本

ISBN978-4-479-32006-7
乱丁本・落丁本はお取り替えいたします。
http://www.daiwashobo.co.jp

だいわ文庫の好評既刊

阿川佐和子
福岡伸一
センス・オブ・ワンダーを探して
生命のささやきに耳を澄ます
動的平衡の福岡ハカセと対談の名手アガワが、子供時代のかけがえのない出会いと命と世界の不思議を語る。発見に満ちた極上の対話！
700円
174-2 C

*アルボムッレ・スマナサーラ
心がフッと軽くなる
ブッダの瞑想
歩いて・立って・座ってできるブッダの瞑想。「今」という瞬間に完全に集中し、本当の「自分」に気づく心をきたえます。
600円
176-1 B

アルボムッレ・スマナサーラ
老いを自由に生きる
とらわれない・持たないブッダの智慧
「長生きしたい」と思った瞬間、老いるスピードは加速します。体の手当よりもまず心のめんどうを。さわやかに生きるブッダの智慧。
650円
176-2 B

アルボムッレ・スマナサーラ
ブッダが教える
意志力の鍛え方
意志が弱い、根気が続かない……。座禅や瞑想で意志は強くなる？　ブッタに学ぶ強い心のつくり方。
650円
176-3 B

アルボムッレ・スマナサーラ
ブッダが教える
執着の捨て方
怒りや不安、思い込み、マンネリ、エゴは潔く捨てられる！「離れること」によって生まれる喜び、ブッダの手放す生き方。
650円
176-4 B

アルボムッレ・スマナサーラ
怒らないこと
怒らない人にこそ智慧がある。人類史上もっとも賢明な人、ブッダは怒りを全面否定しました。その真意を平明に解き明かします。
700円
176-5 B

＊印は書き下ろし

表示価格はすべて本体価格（税別）です。本体価格は変更することがあります。

だいわ文庫の好評既刊

＊印は書き下ろし

＊山口路子
オードリー・ヘップバーンの言葉
なぜ彼女には気品があるのか

女性の生き方シリーズ文庫で人気の山口路子書き下ろし。オードリーの言葉には、今を生きる女性たちへの知恵が詰まっている。

650円
327-1 D

＊山口路子
マリリン・モンローの言葉
世界一セクシーな彼女の魅力の秘密

どうか私を冗談扱いしないで。セクシーの象徴マリリンの美しさの秘密、そして劣等感とは。全ての女性の喜びと悲しみに寄り添う本。

650円
327-2 D

＊山口路子
ココ・シャネルの言葉
「嫌いなこと」に忠実に生きる

「香水で仕上げをしない女に未来はない」「醜さは許せるけどだらしなさは許せない」シャネルの言葉にある「自分」を貫く美しさとは。

680円
327-3 D

＊山口路子
ジェーン・バーキンの言葉
フレンチ・シックに年齢を重ねる

世界のファッション・アイコンの恋愛、仕事、美意識とは。70歳を超えてなお美しく変わり続けるバーキンの言葉を厳選した本。

680円
327-4 D

＊山口路子
マドンナの言葉
知的に、過激に、自分を表現する生き方

「みんながそうだから私も無理っていう、みんなって何なの？」エンタテインメントの世界で闘い続けるマドンナの言葉、その人生とは。

680円
327-5 D

＊山口路子
サガンの言葉

『悲しみよこんにちは』のフランス人作家サガンによる孤独と愛の名言とは。眠れぬ夜を知っている全ての人へ。

700円
327-8 D

表示価格はすべて本体価格（税別）です。本体価格は変更することがあります。